임동석중국사상100

효경

孝經

曾子 撰 / 林東錫 譯註

〈孝經圖〉 宋, 李公麟(畫) 뉴욕 메트로폴리탄 미술관 소장

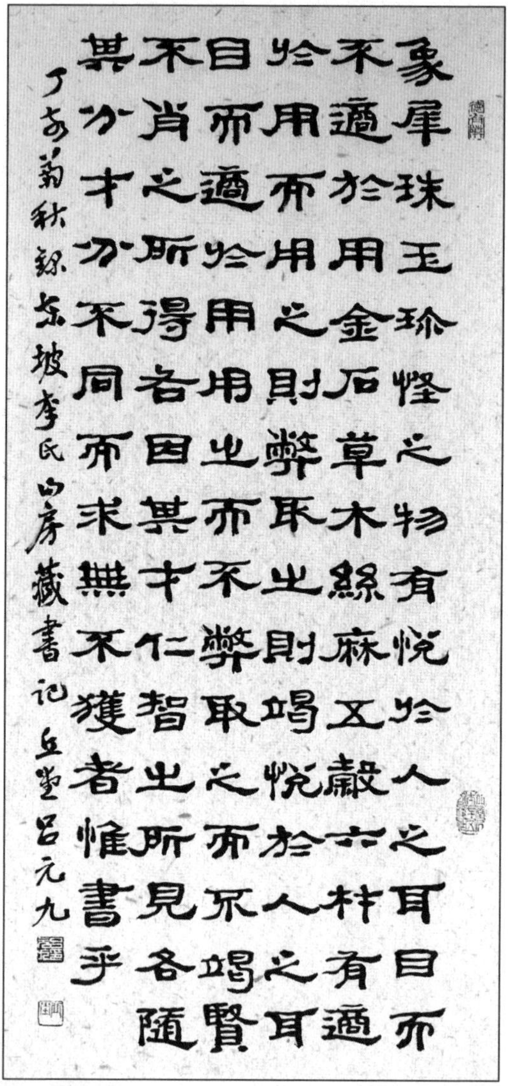

"상아, 물소 뿔, 진주, 옥. 진괴한 이런 물건들은 사람의 이목은 즐겁게 하지만 쓰임에는 적절하지 않다. 그런가 하면 금석이나 초목, 실, 삼베, 오곡, 육재는 쓰임에는 적절하나 이를 사용하면 닳아지고 취하면 고갈된다. 그렇다면 사람의 이목을 즐겁게 하면서 이를 사용하기에도 적절하며, 써도 닳지 아니하고 취하여도 고갈되지 않고, 똑똑한 자나 불초한 자라도 그를 통해 얻는 바가 각기 그 자신의 재능에 따라주고, 어진 사람이나 지혜로운 사람이나 그를 통해 보는 바가 각기 그 자신의 분수에 따라주되 무엇이든지 구하여 얻지 못할 것이 없는 것은 오직 책뿐이로다!"

《소동파전집》(34) 〈이씨산방장서기〉에서 구당(丘堂) 여원구(呂元九) 선생의 글씨

책머리에

효는 백 가지 행동의 근본(孝, 百行之本也)이라 하였다. 그리고 누구나 모두 "身體髮膚는 受之父母요, 不敢毁傷이 孝之始也며 立身行道하여 揚名於後世하여 以顯父母가 孝之終也라"하는 구절은 입에 외우고 있다.

그런가 하면 《시경詩經》에는 "父兮生我, 母兮鞠我, 哀哀父母, 生我劬勞. 欲報深恩, 昊天罔極."(아버님 날 낳으시고 어머님 날 기르시니, 애달프도다 부모님이여, 나를 낳아 고생하시네. 깊은 은혜 보답코자 하나 하늘과 같아 끝이 없도다)라 하였다.

그리고 옛 고전에서는 거의 효를 주제로 다룬 일화나 미담이 수도 없이 많다. 물론 예라는 것이 형식이요, 그 형식을 통해 질서를 유지하는 것이지만 지금은 그런 형식에 얽매여 고통을 당하기보다는 실질적인 효도 실천이 더욱 이 시대에 맞는 일일 것이다.

이에 역자는 그 동안 많은 동양 고전을 역주하면서 '효孝'라는 말 자체가 너무 벅차 선뜻 손을 댈 수가 없어 그저 미루기만 하였던 이 《효경》을 들여다보게 되었다. 젊을 때는 많은 문장이 그저 읽고 해석해야 할 대상이었으나 나이가 들어보니 실제 내 신변을 돌아보게 되고 그 뜻의 깊은 맛을 느끼게 된다. 《효경》도 그 중의 하나이다.

오늘날처럼 각박해지고 핵가족이라는 가족 형태로 인해 효는 이제 최고의 덕목이라기보다 아련한 과거의 습속처럼 여겨지고 있다. 참으로 안타까운 일이다. 그럼에도 우리는 이를 긍정적으로 보고 의무를 다하며, 부모 봉양을 인륜의 큰 도리로 삼고 지금도 실천하고 있는 예화를 주위에서 얼마든지 듣고 보면서 산다. 그런 면에서는 우리는 아직 희망이 있다. 이제 그 희망을 정확히 고전을 잣대로 하여 다시 한번 되짚어 볼 자료로 이 책을 활용해 주었으면 한다.

임동석林東錫 負郭齋에서

일러두기

1. 이 책은 十三經注疏本《효경》을 근간으로 하고, 기타 〈四庫全書本〉, 〈朱子集註本〉, 〈四部叢刊本〉, 현대 白話本 등을 바탕으로 하여 역주한 것이다.
2. 금문본에 따라 총 18장으로 나누어 역문을 먼저 싣고 원문을 제시하였으며 주석을 붙였다.
3. 朱子集註本《효경》은 章句 1장, 傳 14장으로 나뉘어져 있으며, 200여자를 산거刪去하였다. 이에 대하여 여러 가지 비판이 많지만 국내에서 널리 읽혀온 점을 감안하여 이 역시 참고하였다.
4. 古文本《孝經》을 실어 금문본과 대조, 교감, 참고할 수 있도록 하였다.
5. 부록으로 역대 序跋 12종, 〈四部叢刊本〉《孝經》, 〈十三經注疏本〉《효경》 등을 실어 연구에 도움이 되도록 하였다.
6. 이 책을 역주하는데 참고한 자료는 다음과 같다.

◉ 참고문헌

① 《孝經正義》(阮元 校勘, 《十三經注疏》本)
② 《古文孝經孔氏傳》(附 宋本古文孝經) 四庫全書本 臺灣商務印書館 印本
③ 《孝經註疏》 宋, 邢昺 四庫全書本 臺灣商務印書館 印本
④ 《孝經指解》 宋, 司馬光 四庫全書本 臺灣商務印書館 印本
⑤ 《孝經刊誤》 宋, 朱熹 四庫全書本 臺灣商務印書館 印本
⑥ 《孝經大義》 元, 董鼎 四庫全書本 臺灣商務印書館 印本
⑦ 《孝經定本》 元, 吳澄 四庫全書本 臺灣商務印書館 印本
⑧ 《孝經述注》 明, 項霦 四庫全書本 臺灣商務印書館 印本
⑨ 《孝經集傳》 明, 黃道周 四庫全書本 臺灣商務印書館 印本
⑩ 《御定孝經註》 清, 世祖章皇帝 四庫全書本 臺灣商務印書館 印本

⑪《御纂孝經集注》清, 雍正 四庫全書本 臺灣商務印書館 印本
⑫《孝經問》清, 毛奇齡 四庫全書本 臺灣商務印書館 印本
⑬《孝經集註》(朱熹) 世昌書館 1964년 서울
⑭《孝經今註今譯》黃得時(註譯) 臺灣商務印書館 1999 臺北
⑮《新譯孝經讀本》賴炎元, 黃俊郎(注譯) 三民書局 2002 臺北
⑯《孝經》漢籍國字解全書 早稻田大學出版部 明治 43年(1910) 日本 東京
⑰《皇淸經解》印本
⑱《孝經》汪受寬(譯註) 上海古籍出版社 2007 上海
⑲〈漢代 經學의 發展과 今古文派의 異見에 대한 一考〉林東錫(1987)
⑳ 기타 經書 및 經傳 등 工具書는 생략함.

해 제

1. 《효경孝經》의 명칭

《효경》은 유가 경전 《주역周易》, 《상서尙書》, 《모시毛詩》, 《주례周禮》, 《의례儀禮》, 《예기禮記》, 《춘추좌전春秋左傳》, 《춘추공양전春秋公羊傳》, 《춘추곡량전春秋穀梁傳》, 《논어論語》, 《이아爾雅》, 《맹자孟子》와 더불어 『십삼경十三經』의 하나이며, 유가에서 부모와 자식 사이에 가장 중시되는 덕목인 효孝에 대해 밝혀 놓은 책이다. 경서經書 중에 원래의 명칭에 '경經'자를 붙여 이름지어진 책은 이것뿐이나 《효경》의 '경經'은 실제로 경서經書의 경과는 뜻이 같지 않은 것으로 보고 있다. 즉 효의 사친事親의 뜻에 '상행지전常行之典'의 뜻으로 '경經'자를 붙인 것이다. 환담桓譚 《신론新論》에 "孝是事親之名, 經是常行之典"이라 하였다. 그리고 13경 중에 분량이 가장 적어 《경의고經義考》에 정경로鄭耕老의 통계를 인용하여 겨우 1,903자字에 불과하다고 되어 있다.

2. 작자

《효경》의 작자 문제에는 역대로 많은 이론異論이 있어 왔다. 대체로 7가지로 요약해 볼 수 있다.

첫째, 공자孔子가 지었다는 설이다. 《한서漢書》 예문지藝文志에 "孝經者, 孔子爲曾子陳孝道也"라 하였고 《백호통白虎通》 덕론德論 오경편五經篇에서는 "孔子, ……已作春秋, 復作孝經何?"라 하였으며 鄭玄의 《육예론六藝論》에도 "孔以六藝題目不同, 指意殊別, 恐道離散, 後世莫知根源. 故作孝經, 以總會之"라 하였다. 그리고 《삼국지三國志》 촉지蜀志 진복전秦宓傳에도 "孔子發憤作春秋, 大乎居正復制孝經, 廣陳德行"이라 하여 공자가 지은 것이라 하였다. 그러나 오늘날의 많은 학자들은 인정하지 않고 있다.

둘째, 공자의 제자인 증삼曾參, 曾子이 지었다는 설이다. 이는 사마천司馬遷의 주장으로 《사기史記》 중니제자열전仲尼弟子列傳에 "孔子以曾參爲能通孝道, 故授之業, 作孝經"이라 하였으나, 이 설도 확증이 없어 믿을 수 없다.

셋째, 증자의 제자가 지었다는 설이다. 이는 조공무晁公武와 왕응린王應麟 등의 주장이다. 조씨는 그의 《군재독서지郡齋讀書志》에서 "今首章云仲尼居, 曾子侍. 非孔子所著明矣. 詳其文義, 當是曾子弟子所爲書"라 하였으며, 왕응린은 《곤학기문困學紀聞》에서 호인胡寅의 말을 인용하여 "孝經, 非曾子所自爲也. 曾子問孝於仲尼. 退而與門弟子言之. 門弟子類而成書"라 하였으나, 이 설도 정확한 근거가 없어 믿을 수 없다.

넷째, 증자의 제자인 자사子思가 지었다는 설이다. 역시 왕응린王應麟의 주장으로, 증자 제자 중의 자사子思(孔伋)라고 보았다. 《곤학기문》에 풍의馮椅의 말을 인용하여 "子思作中庸. 追述其祖之語, ……是書當成於子思之手"라고 하였으나, 이도 역시 구체적인 증거가 없다.

다섯째, 70제자의 무리들이 지었다는 설이다. 모기령毛奇齡의 《효경문孝經問》에 "此是春秋戰國間, 七十之徒所作. 稍後於論語, 而與大學·中庸. 孔子閒居, 仲尼燕居, 坊記, 表記諸篇同時, 如出一手. 故每說一章, 必有引經數語以爲證 此篇例也"라 하였고, 또한 〈사고전서총목제요四庫全書總目提要〉에도 "今觀其文, 去二戴所錄爲近, 要爲七十子之徒之遺書. 使河間獻王, 採入一百三十一篇中, 則亦禮記之一篇, 與儒行, 緇衣, 轉從其類"라 하여 같은 의견이다. 비교적 합리적인 견해라 인정받고 있다.

여섯째, 후대 사람이 부회附會하여 지었다는 설이다. 이는 주자朱子, 朱熹의 주장이다. 그는 〈효경간오후서孝經刊誤後序〉에서 왕응진汪應辰의 설을 인용하여 "玉山汪端明, 亦以此書多出後人傅會"라 하였다.

일곱째, 한대漢代의 유생儒生이 위조한 것이라는 설이다. 요제항姚際恒의 주장으로 그는 《고금위서고古今僞書考》에서 "是書來歷出於漢儒, 不惟非孔子作, 併非周秦之言也. ……勘其文義, 絶類戴記中諸篇, 如曾子問, 仲尼燕居, 孔子閒居之類, 同爲漢儒之作"이라 하였다.

이상 7가지 중 마지막 두 설은 근거가 희박하다. 이미 전국戰國 말기의 《여씨춘추呂氏春秋》 효행편孝行篇과 찰미편察微篇 등에 《효경》 제후장의 말이 원문으로 인용되어 있고, 채옹蔡邕의 〈명당론明堂論〉 및 가사협賈思勰의 《제민요술齊民要術》 경전편耕田篇 등에도 역시 위魏 문후文侯가 《효경전孝經傳》을 인용하였음을 보아 정확한 추리는 아닌 것 같다.

3. 종류

이제까지 알려진 《효경》의 판본은 대체로 4종류가 있다.

(1) 금문본今文本

'금문'이란 진시황의 분서갱유로 천하의 서적이 없어진 상태로, 한나라가 들어서자 유가儒家로 국가의 통치 이념을 삼고자 할 때, 당시 제로(齊魯, 지금의 山東지역)의 나이 많은 유생들로부터 받아 적은 경서經書들을 말한다. 이를 옮겨 적으면서 당시 통용되던 문자인 예서隷書를 사용하였으며, 이 예서는 당시로서는 금문이었다. 이에 무제 때는 오경박사제도를 두고 국학을 세워 유학을 진흥시켰으며, 이것이 오늘날 우리가 볼 수 있는 경학經學이다.

따라서 금문본 《효경》이란 《한서漢書》 예문지藝文志에 기록된 《효경》 18장을 말한다. 육덕명陸德明의 《경전석문經典釋文》 서록敍錄과 《수서隋書》 경적지

經籍志 등의 기록에는 분서焚書 때 하간河間 사람 지지정芝之貞이 간직하고 있다가 내놓은 것이라 한다. 서한西漢 말末에 유향劉向은 이 금문본今文本과 뒤의 고문본古文本을 비교하여 《금문정본今文定本》을 만들었으며, 동한東漢 말에 정현鄭玄 주注로 알려진 판본이 출현하여 남북조南北朝 때에 유행하였다. 이것이 다시 당唐 개원開元 7년(719)에 사마정司馬貞과 유지기劉知幾의 금고문 쟁론今古文爭論을 일으키게 하였던 것으로, 현종玄宗은 같은 해에 금문今文 정주본鄭注本과 사마정司馬貞의 주장을 근거로 《현종주효경玄宗注孝經》을 천하에 반행頒行하게 된다.

그 후 천보天寶 2년(743)에 현종본玄宗本은 주注를 거듭하였으며, 《당회요唐會要》의 기록에 의하면 천보天寶 4년(745)에 이 어주본御注本을 태학太學에 돌로 새겨 세웠는데, 이것이 소위 《석대효경石臺孝經》이다. 이는 지금도 합서陜西의 서안비림西安碑林에 있으며, 이것이 곧 현행 《십삼경주소본十三經注疏本》의 원전原典이다.

(2) 고문본古文本

'고문'이란 한 무제 때 노魯나라(지금의 曲阜) 공왕恭王이 자신의 궁궐을 넓히고자, 곁에 있던 공자孔子의 구택을 허물 때 벽에서 다량의 옛 고적이 쏟아졌는데, 그 표기가 한 대에 이미 쓰지 않던 옛날 문자, 즉 과두문科斗文, 蝌蚪文으로 쓰여 있었다. 이 과두문자는 대전大篆의 일종으로 대나무를 깎아 옻즙으로 죽간竹簡에 썼기 때문에 획의 시작 부분은 굵고 끝 부분은 가늘어 마치 올챙이 같은 형태였으며 당시로서는 이 글자는 고문자古文字였다. 이 때문에 공벽孔壁에서 나온 경서를 〈고문본〉이라 불렀던 것이다. 《한서》 예문지에 "孝經者, 孔子爲曾子陳孝道也. 夫孝, 天之經, 地之義, 民之行也. 擧大者言,

故曰孝經. 漢興, 長孫氏·博士江翁·少府后倉·諫大夫翼奉·安昌侯張禹傳之, 各自名家. 經文皆同, 唯孔氏壁中古文爲異. 「父母生之, 續莫大焉」, 「故親生之膝下」, 諸家說不安處, 古文字讀皆異"라 하였다. 그리고 당시까지의 《효경》에 대한 목록 11가家 59편篇을 싣고 있다. 즉 《효경고공씨孝經古孔氏》, 《효경孝經》, 《장손씨설長孫氏說》, 《강씨설江氏說》, 《익씨설翼氏說》, 《후씨설后氏說》, 《잡전雜傳》, 《안창후설安昌侯說》, 《오경잡의五經雜議》, 《이아爾雅》, 《소이아小爾雅》, 《제자직弟子職》, 《설說》 등이다. 이 목록 중에 「《효경고공씨孝經古孔氏》 一篇, 二十二章」이 바로 고문본이다.

한편 《한지漢志》와 《수지隋志》의 기록에 의하면, 이 고문본이 바로 노魯 공왕恭王 때 《상서尙書》 등과 함께 공자孔子 구택舊宅의 벽에서 나온 것이라 한다. 그러나 후한後漢 때 허신許愼의 아들 허충許沖의 《설문해자표說文解字表》에는 "古文孝經者, 孝昭帝時, 魯國三老所獻. 建武時, 給事中議郎衛宏所校, 皆口傳, 官無其說"이라 하여 기록이 다르다.

이 고문본은 22장으로 금문본보다 4장이 더 많으며 《한지漢志》 안사고顔師古 주에는 "劉向云古文字也. 庶人章分爲二也, 曾子敢問章爲三, 又多一章, 凡二十二章"이라 하였다. 그리고 《한서》의 주에는 환담桓譚의 《신론新論》을 인용하여 1,871자라 하여 금문본보다 400여 자가 많아 서로 차이가 있었던 것으로 알려져 있다.

왕숙王肅의 《공자가어孔子家語》에는 공안국孔安國이 《효경》의 전傳을 지었다고 하였으나, 《한지漢志》에 기록이 없는 것으로 보아 신빙성이 없다. 이 고문본은 남북조의 양梁나라 때에 자취를 감추었다가 수대隋代에 다시 나타났다고 한다.

(3) 수대 후에 나타난 고문본古文本(孔安國 傳文이 있는 本)

이는 《수서》 경적지經籍志에 "從古文孝經, 亡於梁亂之後, 隋秘書監王劭, 於京師訪得古文孝經孔安國傳, 送與河間劉炫, 炫因序其得喪, 述其義疏, 講於人間. 及後朝廷聞知, 乃下令與今文孝經鄭玄注並立於學官"이라 하여 학관學官에까지 설립되었던 것으로 되어 있으며, 당唐의 유지기劉知幾도 "隋開皇十四年, 秘書學士王孝逸, 於京師賈人處買得一本, 送與著作郞王劭, 劭以示河間劉炫, 乃爲校定. 而此書更無兼本, 難可依憑. 炫輒以所見, 率意刊改"라 하여 비슷한 의견을 제시하고 있다.

그러나 수대부터 이미 유현劉炫의 위작僞作이 아닌가 하였으며, 또 성대지盛大之 등은 왕숙의 위조가 아닌가 여겼다. 이 책은 당 《현종어주본玄宗御注本》이 나오면서 사라지고 말았다.

(4) 일본에서 들어온 고문본(淸代 이후)

이는 건륭(乾隆: 1736~1795) 때 일본에서 중국으로 들어온 것으로, 포정박鮑廷博의 〈건륭병서신간발乾隆丙書新刊跋〉에 의하면 그의 친구 왕익창汪翼滄이 일본의 나가사키長崎에서 얻어 온 것이라 하였으며, 《사고전서총목제요고증》에도 일본에서 들여 왔으며, 포씨鮑氏의 위작은 아니라고 하였다. 그러나 완원阮元의 《효경주소교감기》에는 "孔注今不傳, 近出於日本國者, 誕妄不可據. 要之, 孔注卽存, 不過如尙書之僞傳, 決非眞也"라 하여 진본眞本이 아닐 것이라 주장하기도 하였다.

현존하는 이 책은 모두 1,850자로 금문본과 200여 자의 차이가 있고, 환담의 《신론》의 설명과도 달라 고문본이라 보기는 어렵다고 한다.

현재의 《십삼경주소본》은 당 현종玄宗이 주注를 달고御注, 송宋 형병邢昺이 소疏를 쓴 것이다.

4. 체재 및 내용

(1) 편장과 글자수

《효경》의 장수는 금문본(18장)과 고문본(22장)이 서로 달랐는데, 고문본은 〈삼재장三才章〉을 둘로 나누고, 〈성치장聖治章〉은 셋으로 나누었으며 〈규문閨門〉 1장 등 모두 4장이 더 많아 22장으로 되어 있다.

현존하는 《효경》은 금문본이 원전이므로 18장 1,903자로 되어 있으며, 〈성치장〉이 가장 길어 288자이고, 〈오형장〉이 가장 짧아 37자밖에 되지 않는다. 18장의 편목은 다음과 같다.

① 개종명의장開宗明義章 ② 천자장天子章 ③ 제후장諸侯章 ④ 경대부장卿大夫章 ⑤ 사장士章 ⑥ 서인장庶人章 ⑦ 삼재장三才章 ⑧ 효치장孝治章 ⑨ 성치장聖治章 ⑩ 기효행장記孝行章 ⑪ 오형장五刑章 ⑫ 광요도장廣要道章 ⑬ 광지덕장廣至德章 ⑭ 광양명장廣揚明章 ⑮ 간쟁장諫諍章 ⑯ 감응장感應章 ⑰ 사군장事君章 ⑱ 상친장喪親章

(2) 내용

《효경》의 내용은 흔히 '오효五孝'와 '오비五備'를 들고 있다. 즉 사회적 신분에 따른 효의 덕목과 상황에 따른 효의 실천 방법을 말한 것이다.

'오효五孝'란 ① 천자天子의 효孝(愛敬盡於事親, 德教加於百姓), ② 제후諸侯의 효孝(在上不驕, 制節謹度), ③ 경대부卿大夫의 효孝(言無口過, 行無怨惡), ④ 사士의 효孝(以孝事君則忠, 以敬事長則順), ⑤ 서인庶人의 효孝(用天之道, 分地之利, 謹身節用, 以養父母)를 말한다. 그리고 '오비五備'란 ① 거居(致其敬) ② 양養(致其樂) ③ 병病(致其憂) ④ 상喪(致其哀) ⑤ 제祭(致其嚴) 등 다섯 가지 갖추어야 할 행위를 말한다.

⑶ 《효경》의 전수傳授

《효경》의 고문본은 공안국孔安國에서 마융馬融을 거쳐 정현鄭玄에게로 이어진다. 그리고 금문본은 장우張禹, 익봉翼奉, 강옹江翁, 장손씨長孫氏 등이 정리하였으며, 이를 안지顔芝가 아들 안정顔貞에게, 이것이 다시 유향劉向을 거쳐 한 말 정현에게로 이어졌다. 정현은 이에 고문본과 금문본을 참조하여 마지막 정리를 하였다.

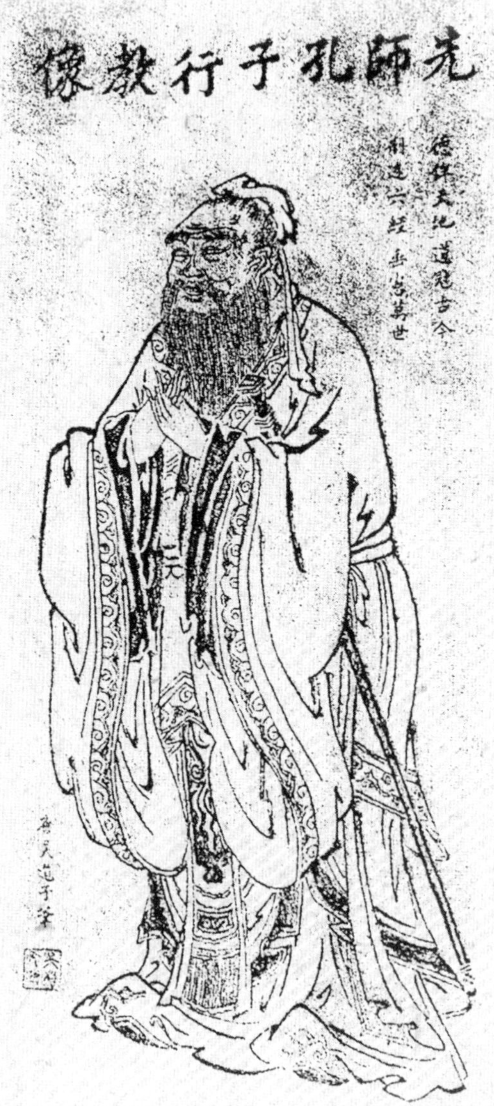
先師孔子行教像
德侔天地 道冠古今
删述六經 垂憲萬世

孔子

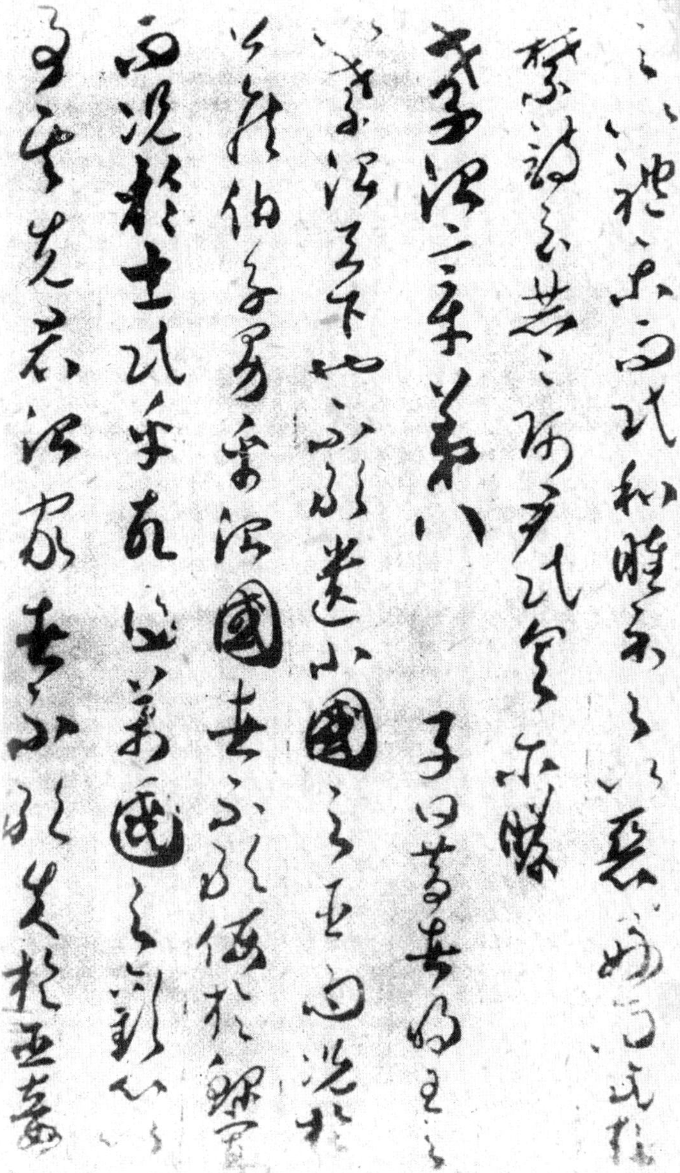

〈孝經〉 唐, 賀知章(글씨)

孝經

孔子 夢谷 姚谷良(그림) "我非生而知之者, 好古敏以求之者也."

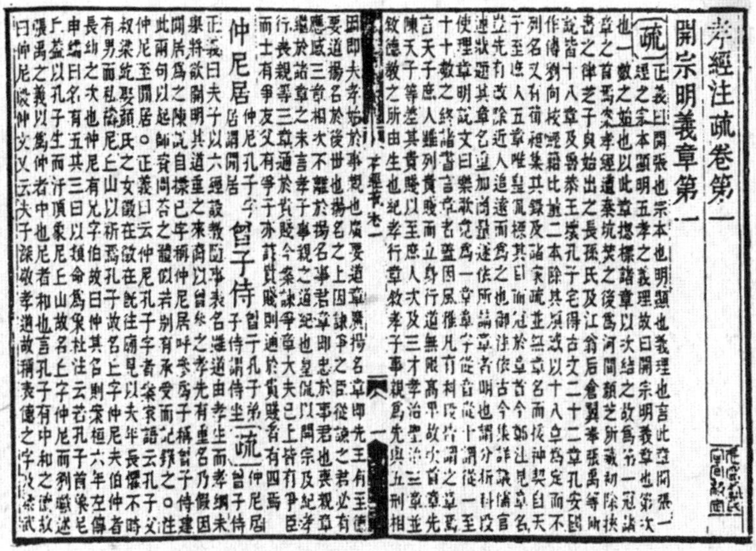
孝經注疏卷第一
開宗明義章第一
仲尼居 曾子侍

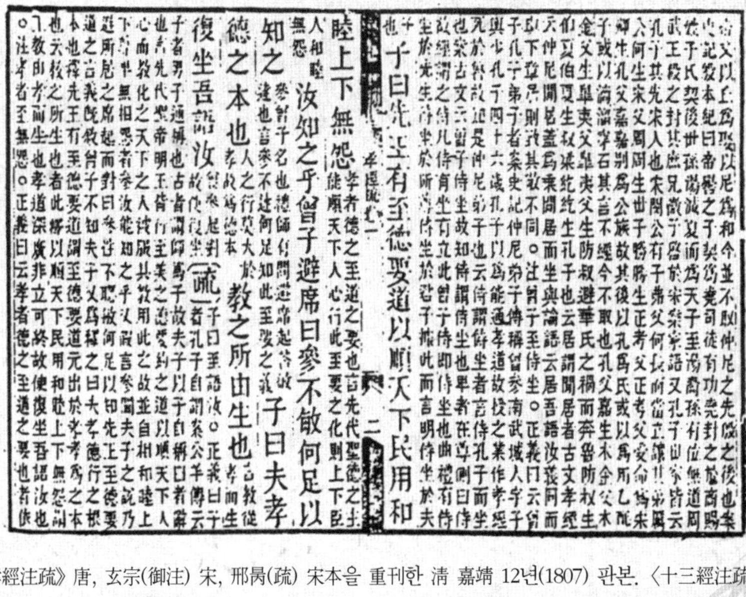
子曰先王有至德要道以順天下民用和睦上下無怨 汝知之乎 曾子避席曰參不敏何足以知之 子曰夫孝德之本也教之所由生也 復坐吾語汝

《孝經注疏》唐, 玄宗(御注) 宋, 邢昺(疏) 宋本을 重刊한 清 嘉靖 12년(1807) 판본. 〈十三經注疏本〉

孝經

효경

孝經一卷

開宗明義章第一

仲尼居（仲尼孔子字居謂閒居）曾子侍（曾子孔子弟子侍謂侍坐）子曰先王有至德要道以順天下民用和睦上下無怨（孝者德之至道之要也言先代聖德之主能順天下人心行此至要之化則上下臣人和睦無怨）女知之乎曾子避席曰參不敏何足以知之（參曾子名也禮師有問避席起荅敬達也言參不達何足知此至要之義女音汝下同○）子曰夫孝德之本也（人之行莫大於孝故爲德本○夫音符後竝同）

教之所由生也（言教從孝而生）復坐吾語女（曾參起對故使復坐○語去聲）身體髮膚受之父母不敢毀傷孝之始也（父母全而生之己當全而歸之故不敢毀傷）立身行道揚名於後世以顯父母孝之終也（言能立身行此孝道自然名揚後世光榮其親故行孝以不毀爲先揚名爲後）夫孝始於事親中於事君終於立身（言行孝以事親爲始事君爲中忠孝道著乃能揚名榮親故曰終於立身也）大雅云無念爾祖聿脩厥德（詩大雅也無念念也聿述也厥其也義取恒念先祖述脩其德）

天子章第二

子曰愛親者不敢惡於人（博愛也○惡烏路反）敬親者不敢慢於人（廣敬也）愛敬盡於事親而德教加於百姓刑于四海（刑法也君行博愛廣敬之道使人皆不慢惡其親則德教加被天下當爲四夷之所法則也○盡津忍反）蓋天子之孝也（蓋猶略也孝道廣大此略言之）甫刑云一人有慶兆民賴之（甫刑即呂刑也一人天子也慶善也十億曰兆義取天子行孝兆人皆賴其善）

諸侯章第三

在上不驕高而不危（諸侯列國之君貴在人上可謂高矣而能不驕則免危也）制節謹度滿而不溢（費用約儉謂之制節愼行禮法謂之謹度無禮爲驕奢泰爲溢○溢音逸）高而不危所以長守貴也滿而不溢所以長守富也富貴不離其身然後能保其社稷而和其民人（列國皆有社稷其君主而祭之言富貴常在其身則長爲社稷之主而人自和平也○離力智反）蓋諸侯之孝也詩云戰戰兢兢如臨深淵如履薄冰（戰戰恐懼兢兢戒愼臨深恐墜履薄恐陷義取爲君恒須戒愼○兢居陵反）

《孝經》四部叢刊 初編 經部(現代 電子版)

皇淸經解卅錄 一千三百六十 學海堂

孝經義疏 儀徵阮福著

陸氏所謂古文出於孔氏壁中者本於漢書藝文志曰
古文尙書者出孔子壁中武帝末魯恭王壞孔子宅欲以廣其
宮而得古文尙書及禮記論語孝經孔安國悉得其書以古文
尙書獻之謹案安國未獻孝經至孝昭帝時始爲魯國三老所
獻何以明之漢許沖爲其父愼上說文表云愼又學孝經孔氏
古文說古文孝經者孝昭帝時魯國三老所獻建武時給事中
議郎衛宏所校皆口傳官無其說謹撰具一篇幷上等語據此
是漢許沖受之於其父愼愼又受之於衛宏此是最眞之古文
孝經非劉知幾所主之古文孔傳惜今失其傳矣

皇淸經解卷一千三百六十 阮部郎孝經義疏 一 庚申補刊

聖人以孝名經以經傳孝者何也說文云孝善事父母者从老
省从子子承老也爾雅釋訓云善父母爲孝又釋名引孝經說
曰孝畜也畜養也此漢所見孝經古說也孝字首見於諸經者
莫古於虞書克諧以孝是此字造於黃帝時而堯舜更重之堯
之傳舜首以孝重此眞堯舜相傳之道實有憑據非空言傳道
也又案經字說文云經織從絲也漢書五行志及司馬遷傳注
皆云經常法也大戴禮曰南北曰經是聖人以孝固如織之有
從絲曰經亦謂天下古今當奉之爲常法循之爲大道故曰經
至於以經爲書之名目實自孝經始此名曰又自本經三才章
夫孝天之經也之經字出矣古者易書詩禮春秋皆孔子時並
無五經之名惟此書言孝道則舉名曰經是孔子自名之也然

則後世各書名經者皆以此爲始並釋二氏之名經皆襲自儒
經也史記老子傳但云著書上下篇言道德之義意五千餘
言亦未名經然經亦可稱傳古人引書一切皆可稱曰傳如孟
子梁惠王兩見於傳有之是以漢書翟方進傳成帝冊書云傳
曰高而不危所以長守貴也據此是稱孝經爲傳又云方進上
疏乞骸骨上報曰傳不云乎朝過夕改是又稱論語爲傳矣以
此可證經亦稱傳之確義也非孝經古不稱經也孝經本行於
周秦之間故蔡邕明堂月令論引魏文侯孝經傳幷引孝經經
文曰孝悌之至通於神明光於四海無所不通許云自西自東
自南自北無思不服又呂氏春秋先識覽引諸侯章高而不危
所以長守貴也滿而不溢所以長守富也富貴不離其身然後

皇淸經解卷一千三百六十 阮部郎孝經義疏 二 庚申補刊

能保其社稷而和其民人三十八字是秦火後復出於顏芝之
手顏貞長孫氏江翁后倉翼奉張禹諸儒遞傳鑿然可據且史
記魏文侯受子夏經義故爲孝經傳此乃孝經百家傳注義
疏之祖陸德明力陳兩漢傳述之人而未及子夏魏文侯是爲
疏漏宋時汪應辰胡宏並呂覽明堂論亦未寓目而疑孝經有
語何其妄也
陸氏釋文所釋者乃鄭注今文故首出鄭氏二大字注云相承
解爲鄭元福案孝經相傳爲鄭元注陸澄辨以爲非有十二驗
言之甚詳其非康成所注無疑然既曰鄭氏則必有其人決非
空署姓氏今考宋王應麟困學紀聞玉海始引國史志謂注孝
經之鄭氏爲鄭小同唐劉肅大唐新語始謂序鄭注者爲康成

《孝經義疏》淸, 阮福〈皇淸經解〉本

孝經

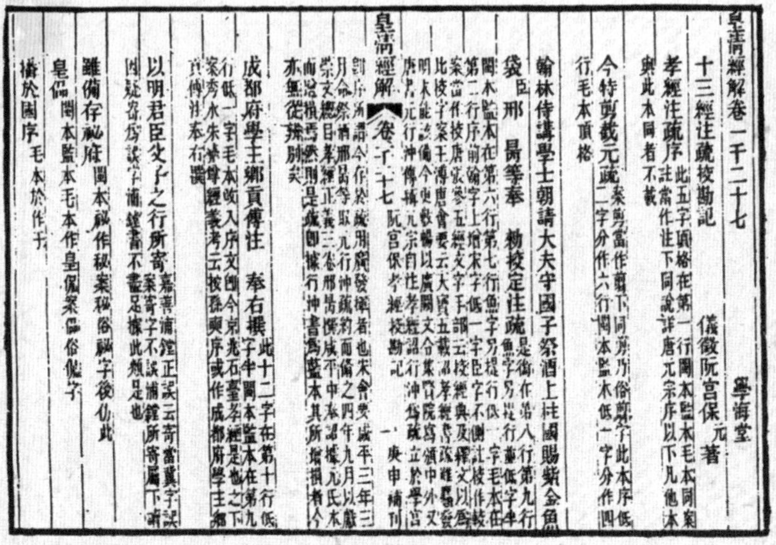
皇清經解卷一千二十七　學海堂

十三經注疏校勘記　儀徵阮宮保 元 著

孝經注疏序 此五字頂格在第一行閩本監本毛本同

與此本同者不載

今特剪截元疏

行毛本頂格

翰林侍講學士朝請大夫守國子祭酒上柱國賜紫金魚

袋臣邢昺等奉　勑校定注疏

皇清經解卷一千二十七　阮宮保孝經校勘記　一　庚申補刊

成都府學主鄉貢傳注　奉右撰

以明君臣父子之行所寄

雖備存祕府 閩本祕作秘案秘俗祕字後仿此

皇侃 閩本監本毛本作皇偘案偘俗侃字

撮於國序 毛本於作于

辨鄭注有十謬

仍自八分御札

分字下

即今京兆石臺孝經是也

孝經正義 此四字頂格諸本及篇末同

翰林侍講學士朝請大夫守國子祭酒上柱國賜紫金魚

袋臣邢昺等奉　勑校定

御製序并註

正義曰云開元十年制不及天寶五載非也

皇清經解卷一千二十七　阮宮保孝經校勘記　二　庚申補刊

博士江翁 毛本作博士是下仿此

少府后倉 毛本倉作蒼案漢書藝文志作倉儒林傳作蒼

唯孔氏壁中古文爲異 閩本監本毛本壁作壁是也

相譚新論云 閩本監本毛本相作桓案作桓避宋欽宗諱

古孝經千八百七十二字

周書謚法

《孝經校勘記》 清, 阮元 〈皇清經解〉本

皇清經解卷一千三十　學海堂

孝經釋文校勘記　儀徵阮宮保元著

鄭氏 相承解爲鄭玄○盧文弨攷證氏下添注字解改以宋 唐劉知幾議云晉中經簿孝經稱鄭氏解無名元二字 鄭志目錄記康成所注書亦未有孝經元和惠棟云鄭氏鄭 小同也今日亡失

開宗明義章

仲尼 字作尼古夷字也○盧本尼作尸案作尸是也玉篇云尸 古文夷字

居 王肅云閒居也○葉本閒作閑按閒正字閑假借了

曾子 名參字子輿或作參音同義別○盧文弨云宋作曑當讀 天上參星也乃云字子輿則與作參者義並無別不知盧 意云何案晉灼讀參如宋昌參乘之參

先王 三王禹始傳於殷於殷配天王謂文王也○盧本上殷作 天下三字段玉裁校本云殷當啟字之誤下文於殷配天當作宋 王謂之上當有某云大約王肅孔安國語也宋於殷 凝鄭注之語

皇清經解卷一千三十　阮宮保孝經釋文校勘記一　庚申補刊

有至德 注孝者德之至也○盧本爲下增德字是也案唐明皇 注孝者德之至那昺正義云依王肅義

孝悌 本今無此字○盧云孝悌見上文引鄭注案悌當本作弟 上同武進臧琳經義雜記云釋文孝經本用鄭氏注後人 據唐明皇注攷之攷於釋文所標注皆云本今無此字又云自 某至某本今無間有鄭注與唐注同耶疏云此依鄭注者附無 校語甚攷者不知唐注本于鄭見唐注所有故即以爲唐注而 無疑按臧琳說是也今舉此五字其餘可以類推

不敢 達也○盧本達作違案盧本是也孝音他葛反達從幸得 聲

父母得其顯譽也者○臧鏞堂云者字當衍

毋遑 ○葉本毋作無

念 爾雅云勿念也○按挍經義云今爾雅作勿念也

天子章

形于 法也○按臧琳云釋文標鄭注形見二字知經本作形下 四海陳德明書形于云法也字又作刑法也一訓本明皇 注當從人寡入蓋天子既有德教加於百姓則此德教自然形 見於外不言四海取法爲四海取法可知

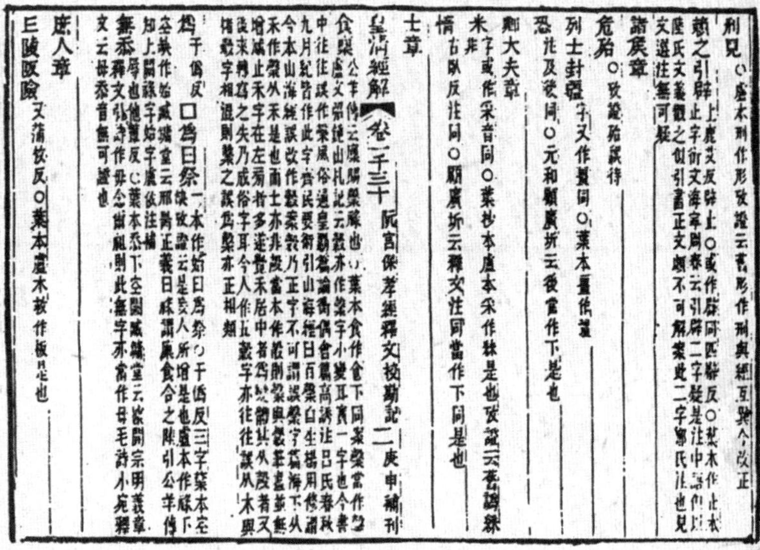

刑見 ○盧本刑作形攷證云舊形作刑與經互異今改正

蘇之引辟 上鹿支反辟止○或作辟同匹辟反○葉本作止本 盧氏文弨觀之似引書正文然不可解案此二字疑是注中語亦非鄭氏注也見 文選注無可疑

諸侯章

危殆 ○攷證殆疑待

列士封疆 字又作彊同○葉本彊作疆

恐 注及後同○元和顧廣圻云後當作下是也

卿大夫章

采 字或作采音同○葉抄本盧本采作寀是也攷證云葉鈔寀

惰 古臥反注同○顧廣圻云釋文注同當作下同是也

士章

皇清經解卷一千三十　阮宮保孝經釋文校勘記二　庚申補刊

食祿 公羊傳云祿也○葉本食作食下同案當作 盧文弨云山礼記云穀亦作字小變耳實一字也今書 中往往誤作風俗通皇霸論偶會篇高誘注呂氏春秋 九月紀皆作此字齊民要術引山海經曰百穀白生播用修謂 今本山海經誤改作穀案穀乃正字不可謂誤字篇海下从 禾作从禾是也而士亦非殷當本作穀則與穀並盛無 增減止禾字在左旁者多從禾居中者爲於鄭其从殷者又 後來轉寫之失乃成俗字耳今人作五穀字亦往往誤从木與 穀字相混則之誤爲亦正相類

爲 于僞反 口爲曰祭 一本作始曰爲祭○于僞反三字葉本空 空缺作始臧鏞堂云是後人所增是也盧本作祿下 知上闕祿字始字盧依注補 那昺正義曰祿謂廩食合之陳引公羊傳

無忝 辱也他簟反○葉本忝下空闕臧鏞堂云依開宗明義章 釋文引詩作毋念當組則此無字亦當作毋毛詩小宛釋 文云毋忝音無可證也

庶人章

巨陵阪險 又蒲飯反○葉本盧本板作板是也

《孝經釋文校勘記》淸, 阮元 〈皇淸經解〉본

효경

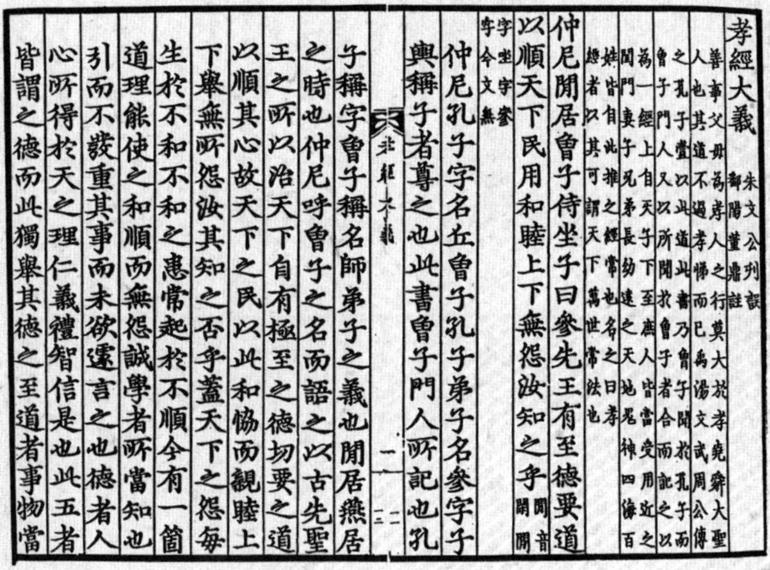
孝經大義 朱文公刊誤 鄱陽董鼎註
善事父母爲孝人之行莫大於孝堯舜大聖
人也其道不過孝悌而已禹湯文武周公傳
之孔子豈以此道此書乃曾子聞於孔子而
曾子門人又以所聞於曾子者合而記之以
爲一經上自天子下至庶人皆當受用近之
閨門妻子兄弟長幼遠之天地鬼神四海百
姓皆自此推之經常也名之曰孝
經者以其可謂天下萬世常法也
仲尼閒居曾子侍坐子曰參先王有至德要道
以順天下民用和睦上下無怨汝知之乎閒音閑
字坐字參字今文無
仲尼孔子字名丘曾子孔子弟子名參字子
輿稱子者尊之也此書曾子門人所記也孔
孝經大義 一
子稱字曾子稱名師弟子之義也閒居燕居
之時也仲尼呼曾子之名而語之以古先聖
王之所以治天下自有極至之德切要之道
以順其心故天下之民以此和協而親睦上
下舉無所怨汝其知之否乎蓋天下之怨每
生於不和不和之患常起於不順今有一箇
道理能使之和順而無怨誠學者所當知也
引而不發重其事而未欲遽言之也德者人
心所得於天之理仁義禮智信是也此五者
皆謂之德而此獨舉其德之至道者事物當

《孝經大義》 한국 조선시대 판본

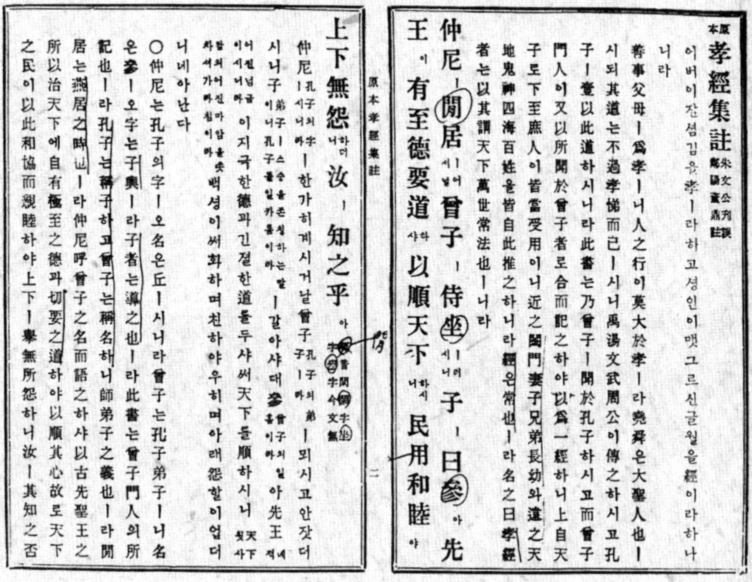

原本 孝經集註 朱文公刊誤 鄭寅鼎註

어버이잘섬김을孝ㅣ라하고셩인이맷그르신글월을經이라하나니라

善事父母ㅣ爲孝ㅣ니人之行이莫大於孝ㅣ라堯舜은大聖人也ㅣ시되其道는不過孝悌而已ㅣ시니禹湯文武周公이傳之하시고孔子ㅣ壹以此道하시니라此書는乃曾子ㅣ聞於孔子하시고而曾子門人이又以所聞於曾子者로合而記之하야以爲一經하니上自天子로下至庶人이皆當受用이니近之閨門妻子兄弟長幼와遠之天地鬼神四海百姓을皆自此推之하니라經은常也ㅣ라名之曰孝經者는以其謂天下萬世常法也ㅣ니라

仲尼ㅣ閒居ㅣ어시날曾子ㅣ侍坐ㅣ러시니子ㅣ曰參아先王이有至德要道하샤以順天下하시니民用和睦하야上下無怨하더니汝ㅣ知之乎아

原本孝經集註 二

仲尼(孔子의字ㅣ시니라)ㅣ한가히계시거날曾子(孔子의弟子ㅣ라)ㅣ뫼시고안잣더시니子(弟子ㅣ스승을존칭하는말이니孔子를일카롬이라)ㅣ갈아샤대參(曾子의일홈이라)아先王이지극한德과긴절한道를두샤써天下를順하시니백셩이써화하며친하야우히며아래怨할이업더니네아난다

○仲尼는孔子의字ㅣ오名은丘ㅣ시니라曾子는孔子弟子ㅣ니名은參ㅣ오字는子輿ㅣ라子者는尊之也ㅣ라此書는曾子門人의所記也ㅣ라孔子는稱子하고曾子는稱名하니師弟子之義也ㅣ라閒居는燕居之時也ㅣ라仲尼呼曾子之名而語之하샤以古先聖王之所以治天下에自有極至之德과切要之道하야以順其心故로天下之民이以此和協而親睦하야上下ㅣ舉無所怨하니汝ㅣ其知之否

《孝經集註》世昌書館, 1964, 서울

孝經

차 례

부록

1

開宗明義章

개종명의장

이는 《효경》 전체의 강령을 밝힌 것으로, 그 중 "신체발부수지부모身體髮膚受之父母"의 구절은 천하에 널리 알려져 있음.

공자仲尼가 한가히 있을 때 증자曾子가 모시고 있었다.

공자가 말하였다.

"선왕께서는 지덕至德과 요도要道가 있어 천하를 순응하게 하며 백성은 이로써 화목하였고, 상하는 서로 원망함이 없었느니라. 너는 이를 알고 있느냐?"

증자가 자리를 피하면서 말하였다.

"제曾參가 민첩하지 못하오니 어찌 족히 이를 알겠습니까?"

공자가 말하였다.

"무릇 효라고 하는 것은 덕의 근본이니라. 그리고 모든 교화가 이로부터 생겨나는 것이다. 다시 앉아라! 내 너에게 말해 주마. 몸과 머리카락, 피부 등 일체는 부모로부터 받은 것이니 감히 이를 훼상毁傷하지 않음이 효의 시작이며, 자신의 몸을 세워 도를 행하여 후세에 그 이름을 드날려 부모를 드러내어 드리는 것이 효의 끝이니라. 무릇 효란 어버이를 섬김에서 시작하여 임금을 섬기는 것이 그 중간이며, 제 몸을 세우는 것이 마침이니라. 《시》에 '어찌 너의 조상을 생각하지 않는가? 그의 아름다운 덕을 펼쳐 받들어야 하나니'라 하였느니라."

仲尼居. 曾子侍.

子曰:「先王有至德要道, 以順天下, 民用和睦, 上下無怨. 汝知之乎?」

曾子避席曰:「參不敏, 何足以知之?」

子曰:「夫孝, 德之本也. 教之所由生也. 復坐! 吾語汝.

身體髮膚, 受之父母, 不敢毁傷, 孝之始也; 立身行道, 揚名於後世, 以顯父母, 孝之終也. 夫孝, 始於事親, 中於事君, 終於立身. 〈大雅〉云:『無念爾祖? 聿脩厥德.』」

【開宗明義】 책 전체의 종지에 대한 뜻을 밝힘.

【仲尼】 공자의 자. 중은 둘째 아들이라는 뜻.

【居】 平素. 閒居의 뜻. 특별한 일이 없이 지내고 있음. 혹 그러한 때. 《古文孝經》에는 '閒居'로 되어 있음.

【曾子】 공자 제자. 이름은 參, 자는 子輿. 춘추시대 魯나라 南武城(지금의 山東省 費縣) 사람으로 효성으로 널리 알려짐. 《논어》 여러 곳에 그의 효성을 칭찬하였으며 아버지 曾晳(曾點)과 함께 공자에게 배움. 이 《효경》 역시 증삼이 찬술한 것으로 알려져 있음.

【侍】 《고문효경》에는 '侍坐'로 되어 있음.

【先王】 고대 성인이면서 임금이었던 堯, 舜, 禹, 湯, 文王, 武王 등을 지칭함.

【至德·要道】 지극한 덕과 중요한 도리. 여기서는 孝道를 가리킴. 12장(廣要道)과 13(廣至德)장에 따로 이를 주제로 밝히고 있음.

【民用和睦】 백성이 이로써 화목하게 됨.

【避席】 자리를 피함. 존경을 뜻하는 행동임.

【不敏】 민첩하지 못함. 자신을 낮출 때 사용하는 謙辭. 謙語.

【身體髮膚】 몸과 사지, 그리고 모발과 피부. 몸 전체를 뜻함.

【不敢毁傷】 감히 조금도 다치거나 상해를 입는 경우가 없음. 부모는 자식의 몸이 병을 앓거나 다치는 것을 가장 가슴 아파하므로, 몸을 잘 보존하여야 한다는 뜻. 그러나 역대 학자들은 아들 된 자로서 실제의 질병이나 질환을 가리키는 것이라기보다, 일생을 살면서 죄를 지어 몸에 肉刑을 받아 상해를 입는 일이 없도록 하라는 뜻으로 해석하고 있다. 《論語》 泰伯篇에 "曾子有疾, 召門弟子曰:「啓予足! 啓予手! 詩云,『戰戰兢兢, 如臨深淵, 如履薄冰.』而今而後, 吾知免夫! 小子!」"라 하였다.

【大雅】 詩의 분류에 風·雅·頌이 있으며, 그 중 雅는 다시 大雅와 小雅로 구분됨. 인용된 구절은 大雅 〈文王篇〉에 들어 있음.

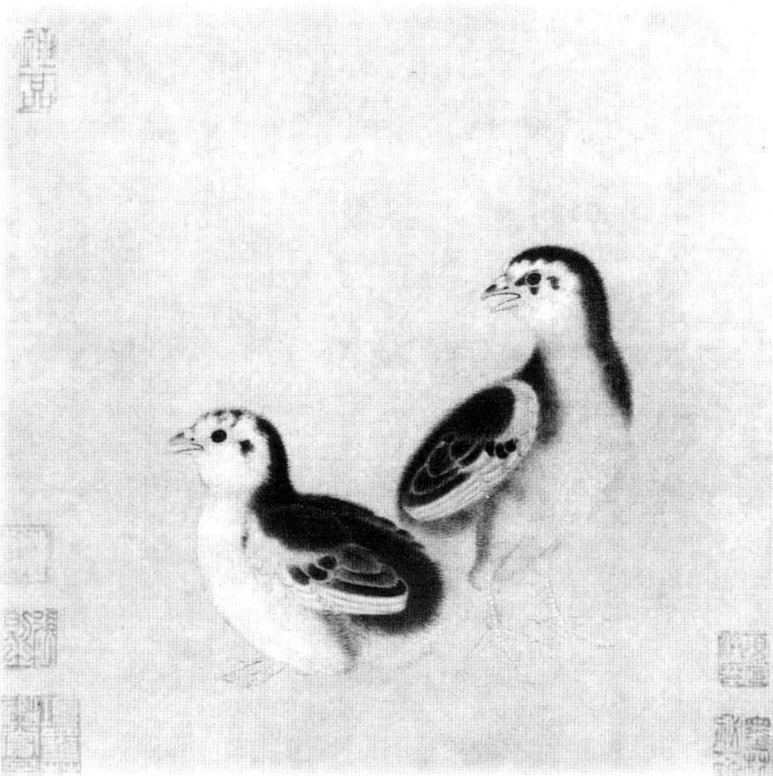

〈鷄雛待飼圖〉 宋, 李迪(그림) 北京故宮博物館 소장

孝經

2

天子章
천자장

천자로서의 효에 대하여 밝힌 것으로, 천자는 자신을 법으로 삼도록 모범을 보여야 함을 강조한 것임.

공자가 말하였다.

"어버이를 친애하는 자는 감히 남에게 악하게 굴지 않으며 어버이를 경애하는 자는 감히 남에게 거만히 굴지 아니한다. 사랑과 공경을 어버이 모심에 다하며 덕행과 교화를 백성에게 더해 주어 사해에 법이 되는 것은 대체로 천자로서의 효일 것이니라. 《상서》 보형甫刑에 '한 사람이 축복받을 일을 하니 세상 만민이 그 덕을 보네'라 하였느니라."

子曰:「愛親者, 不敢惡於人; 敬親者, 不敢慢於人. 愛敬盡於事親, 而德教加於百姓, 刑于四海, 蓋天子之孝也. 〈甫刑〉云:『一人有慶, 兆民賴之.』」

【天子】 고대 천하를 통치하는 군주. 천명을 받아 백성을 다스린다는 뜻. 周나라 이후는 종주국의 왕을 천자라 하였음.

【不敢惡於人】 감히 남의 부모에게 악한 행동을 하거나 증오하지 않음.

【不敢慢於人】 감히 남의 부모에게 경홀히 하거나 모멸하지 않음.

【刑】 型과 같음. 典型이 됨. 모범이 됨.

【甫刑】《尙書》 呂刑篇의 별명. 呂侯(甫侯)가 지은 것으로 呂侯는 周 穆王의 신하로 司寇가 되어 목왕의 명을 받아 夏나라 때의 輕刑의 法을 근거로 법을 만들어 천하에 포고하였음. 《古文孝經》에는 '呂刑'으로 되어 있음.

【慶】 경사스러운 일. 축복받을 일.

3

諸侯章
제후장

이는 제후로서의 효에 대한 것으로, 응당 겸손계신謙遜戒愼하여 법을 준수하고 비용을 절약하여, 백성과 화락和樂을 함께 할 것을 강조한 것임.

“윗자리에 있으면서 교만히 굴지 아니하면, 비록 높이 있다 해도 위험에 처하지 않을 수 있을 것이며, 비용을 절약하고 법을 삼가 지키면 가득 찬 것을 가지고 있다 해도 넘치지 않을 것이다. 높은 자리에 있으면서 위험하지 않으니 귀한 자리를 길게 지킬 수 있는 것이요, 가득 찬 것을 가지고도 넘치지 않으니 부유함을 길이 지켜낼 수 있는 것이다. 부귀가 그 몸에서 떠나지 않은 연후라야 능히 그 사직社稷을 보위하여 백성과 화락을 함께 할 수 있을 것이니 이는 대체로 제후諸侯의 효일 것이다. 《시》에는 ‘내 마음 조심스럽기는 마치 깊은 연못에 임해 있듯이, 얇은 얼음을 밟듯이 하도다’라 하였느니라.”

「在上不驕, 高而不危; 制節謹度, 滿而不溢. 高而不危, 所以長守貴也; 滿而不溢, 所以長守富也. 富貴不離其身, 然後能保其社稷, 而和其民人, 蓋諸侯之孝也. 《詩》云: 『戰戰兢兢, 如臨深淵, 如履薄冰.』」

【諸侯】 봉건시대 천자로부터 봉을 받은 각 나라의 군주. 周나라 때는 公侯伯子男 다섯 등급이 있었으며 세습하였음.

【制節謹度】 비용을 절약하고 예법을 잘 지켜 행함.

【社稷】 社는 土地神, 稷은 穀神. 고대 제왕과 제후들은 반드시 이 제단을 마련하여 제사를 올렸음. 이로써 국가를 상징하는 말로 대신 쓰임.

【詩】《詩經》小雅 小旻篇의 구절.

4

卿大夫章
경대부장

본 장은 경·대부의 효를 밝힌 것으로, 복식과 언어, 행동이 모두 선왕의 예법에 맞도록 하여 종묘를 보존하고 군왕을 받들어야 함을 강조함.

"선왕이 제정해 준 예법에 합당한 복장이 아니면 감히 입지 아니하고, 선왕이 정한 예법에 맞는 말이 아니면 감히 말하지 아니하며, 선왕의 덕행이 아니면 감히 행하지 아니한다. 이 까닭으로 법이 아니면 말하지 아니하고 도가 아니면 행하지 아니하여, 입으로는 제멋대로 말을 택하는 법이 없으며, 자신에게는 제멋대로 행동을 선택함이 없어야 한다. 말이 천하에 가득하다 해도 입으로 짓는 과실이 없고, 행동이 천하에 가득 넘친다 해도 원망이나 증오가 없다. 이 세 가지가 갖추어진 연후에야 능히 그 종묘를 지켜낼 수 있는 것이니, 대체로 이는 경과 대부의 효이다. 《시》에 '이른 새벽부터 밤늦도록 게으름이 없이 오직 한 사람을 섬기네'라 하였느니라."

「非先王之法服, 不敢服; 非先王之法言, 不敢道; 非先王之德行, 不敢行. 是故非法不言, 非道不行; 口無擇言, 身無擇行. 言滿天下無口過, 行滿天下無怨惡. 三者備矣, 然後能守其宗廟, 蓋卿·大夫之孝也. 詩云:『夙夜匪懈, 以事一人.』」

【卿·大夫】 고대 관제에 천자에게는 九卿과 二十七大夫를 두었으며, 조정의 최고 관직으로 천자를 도와 나라의 여러 정책을 결정하고 시행함.
【法服】 예법에 합당한 복장, 복식.
【口無擇言】 자신의 생각에 맞추어 말을 선택함이 없음. 제멋대로 말을 함이 없어 모든 것이 예법에 맞음을 뜻함. '身無擇行'도 같은 구조의 구절임.
【口過】 말을 잘못하여 저지른 과실.
【宗廟】 선조의 위패를 모셔 제사지내는 사당.
【詩】《詩經》大雅 烝民篇의 구절.
【夙夜】 이른 새벽부터 늦은 밤까지. 항시. 항상. 언제나.

5

士章
사장

본 장은 신분이 사士인 자의 효를 설명한 것으로, 윗사람에게는 충순忠順하고 조석朝夕으로 삼가고 조심하여 부모에게 욕됨이 없도록 해야 함을 강조함.

"아버지를 섬기는 마음을 바탕으로 어머니를 섬기나니 그 사랑하는 마음이 같은 것이요, 아버지를 섬기는 마음을 바탕으로 임금을 섬기나니 공경하는 마음이 같은 것이다. 그러므로 어머니를 섬김은 그 사랑을 취하는 것이요, 임금을 섬김은 그 공경심을 취하는 것이니 이 두 가지를 겸한 것이 아버지를 섬김이다.

그 까닭으로 효로써 임금을 섬기면 충忠이요, 공경으로써 어른을 섬기면 순順이 되는 것이다. 충과 순을 잃지 않고 그 윗사람을 섬긴 연후에야 능히 녹위祿位를 지켜낼 수 있고, 제사를 지켜낼 수 있을 것이니, 대체로 이는 사士의 효이다. 《시》에 '이른 새벽부터 밤늦도록 너를 낳아 준 부모에게 욕됨이 없도록 하라'라 하였느니라."

「資於事父以事母, 而愛同; 資於事父以事君, 而敬同. 故母取其愛, 而君取其敬, 兼之者父也. 故以孝事君, 則忠; 以敬事長, 則順. 忠順不失, 以事其上, 然後能保其祿位, 而守其祭祀, 蓋士之孝也. 《詩》云:『夙興夜寐, 無忝爾所生.』」

【士】 고대 관명. 상사, 중사, 하사 등이 있었으며 경대부의 아래. 일반 행정을 집행하는 지금의 일반 공무원과 같음.

【資】 '취하다. 들다, 잡다, 집다, 소지하다, 바탕으로 여기다'의 뜻. 資賴의 뜻.

【長】 우두머리. 천자, 제후, 경·대부를 가리킴.

【祿位】 봉록과 지위.

【祭祀】 天神, 地祇, 祖上神 등에게 지내는 일체의 제사를 가리킴.

【詩】《詩經》小雅 小宛의 구절.

【忝】 '욕되다. 모욕을 주다'의 뜻.

6

庶人章
서인장

본 장은 서인의 효를 설명한 것으로, 천지사시天地四時에 순응하여 생업에 충실할 것이며, 이로써 부모를 잘 봉양할 것을 강조한 것임.

"하늘의 도를 활용하고 땅에서의 이익을 분별하며, 자신을 삼가고 비용을 절약하여 부모를 봉양하여야 하니 이것이 서인의 효이다. 그러므로 천자로부터 서인에 이르도록 효에 대하여 마침과 끝을 잘 해내지 못하고도 환난이 미치지 아니한 자는 없었느니라."

「用天之道, 分地之利, 謹身節用, 以養父母, 此庶人之孝也. 故自天子至於庶人, 孝無終始, 而患不及者, 未之有也.」

【庶人】 일반 백성 전체를 뜻함. 庶民.

【天之道】 春夏秋冬의 生長收藏 등 사시에 맞추어 변화하는 하늘의 마땅한 이치. 이를 활용하여 때맞추어 생업(농사)에 열심을 다함을 말함.

【地之利】 토지의 이익을 잘 분별하여 그에 맞추어 생업에 이를 활용함. 즉 토지의 비옥함, 작물의 선택 등을 가리킴.

【故自天子~未之有也】 "천자로부터 서인에 이르기까지 효에 대하여 끝(揚名於後世, 以顯父母)과 시작(身體髮膚受之父母, 不敢毁傷)을 잘 해내지 못한 자에게는 반드시 화가 미친다"는 뜻. 이는 이상의 여섯 장의 '천자로부터 서인에 이르기까지 비록 존비의 차이는 있지만 그 효도에 대하여 시작과 끝을 잘 하여야 함은 똑같다'라는 뜻을 총괄한 것임. 그러나 백화본(〈三民本〉, 〈商務印本〉)에는 모두 "천자로부터 평민에 이르도록 어버이를 모시는 도리는 끝까지 귀천도 없는 것이니 만약 사람이 그의 능력이 부족할 것을 걱정하여 이를 해내지 못함이란 절대로 있을 수 없다."(所以上天子, 下至平民, 事親盡孝的道理是無終始·無貴賤的分別, 如果有人擔憂他的能力不够, 無法做到, 那是絶對沒有這種事情的)라 하였다.

7

三才章

삼재장

효란 천지인 삼재를 관통한 유일한 도리로서, 사람은 마땅히 이 도로써 부모에게 항구불변하게 효도를 다하여야 하며, 비록 높은 자리의 임금이라 할지라도 효도로써 기본을 세워야 함을 강조한 것임.

증자가 말하였다.

"심히 크도다! 효의 위대함이여."

공자가 말하였다.

"무릇 효란 하늘의 경經이요 땅의 의義이며 백성의 행行이다. 하늘과 땅의 경經은 백성이 이를 법으로 삼는 것이요, 하늘의 명明을 법으로 본받고 땅의 이利를 바탕으로 하여 천하를 순하게 하는 것이다. 이로써 그 가르침은 엄숙하지 않아도 이루어지는 것이요, 그 정치는 엄하지 않아도 다스려지는 것이다. 선왕이 이를 가르쳐 백성을 변화시킬 수 있다고 보았던 것이다. 이 까닭으로 먼저 박애博愛로써 하여 백성이 그 어버이를 버리지 않게 되었으며, 이를 진술하되 덕으로 하여 백성이 실행하도록 흥기시킨 것이요, 먼저 경양敬讓으로 하여 백성이 다툼이 없게 된 것이며, 이를 인도하되 예악禮樂으로 하여 백성이 화목하게 된 것이며, 이에게 보여 주되 호오好惡로 하여 백성이 하지 말아야 할 것을 알게 된 것이다. 《시》에 '빛나는 그 이름 태사 윤씨여, 백성이 모두 그대를 우러러보도다!'라 하였느니라."

曾子曰:「甚哉! 孝之大也.」子曰:「夫孝, 天之經也, 地之義也, 民之行也. 天地之經, 而民是則之; 則天之明, 因地之利, 以順天下. 是以其教不肅而成, 其政不嚴而治. 先王見教之可以化民也, 是故先之以博愛, 而民莫遺其親; 陳之於德義, 而民興行; 先之以敬讓, 而民不爭; 導之以禮樂, 而民和睦; 示之以好惡, 而民知禁.《詩》云:『赫赫師尹, 民具爾瞻!』」

【甚哉】 '심히 크도다'의 감탄사. 증자가 이상의 다섯 가지 효(天子, 諸侯, 卿大夫, 士, 庶人)에 대한 공자의 설명을 듣고 감탄한 말.

【三才】 天地人을 가리킴.

【則之】 이를 법으로 여겨 본받음.

【遺其親】 그 어버이를 유기(遺棄)함.

【陳之】 이를 진술함. 펴 보임.

【詩】《詩經》 小雅 節南山篇의 구절.

【尹】 관직 이름. 성씨가 아님. 尹氏, 太師. 《詩傳》에 "師, 太師, 周之三公也. 尹, 尹氏, 爲太師"라 함.

〈董永侍父〉 畫像石. 四川 渠縣 출토

孝經

8

孝治章

효치장

본 장은 효로써 천하를 다스려야 하는 도리를 밝힌 것으로, 영명한 군주라면 능히 이로써 재해가 일어나지 않으며, 화란이 생기지 않도록 하여 천하의 태평을 이루어야 함을 강조한 것임.

공자가 말하였다.

"옛날 명왕明王이 효로써 천하를 다스림에 작은 나라의 신하조차 감히 버리지 않았는데, 하물며 공후백자남公侯伯子男의 제후임에랴? 그 까닭으로 만국萬國이 그 제왕(명왕)의 선왕을 즐거운 마음으로 받들어 모시려는 마음을 얻을 수 있었던 것이다.

나라를 다스리는 자(제후)는 홀아비나 과부에게도 감히 모욕을 주지 않았는데, 하물며 사와 백성에게 그렇게 하였겠는가? 그 까닭으로 백성이 그 제후 왕의 선군을 즐거운 마음으로 받들어 모시려는 마음을 얻을 수 있었던 것이다.

집안을 다스리는 자는 신하와 첩에게도 감히 과실을 범하는 일이 없었거늘 하물며 처와 자식에게야 그렇게 하였겠는가? 이 까닭으로 사람들로 하여금 그 집안의 어버이도 즐거운 마음으로 모시려는 마음을 얻을 수 있었던 것이다.

무릇 그렇게 하였기에 태어나서는 어버이가 이를 편안히 해 주고 제사에는 조상의 귀신이 이를 흠향하였던 것이다.

이로써 천하가 화평하고 재해가 생기지 않았으며, 화란禍亂이 일어나지 않았다. 그러므로 명왕이 효로써 천하를 다스림은 이와 같았던 것이다. 《시》에 '천자의 위대한 덕행은 사방 나라를 귀순하게 하도다'라 하였느니라."

子曰:「昔者, 明王之以孝治天下也, 不敢遺小國之臣, 而況於公侯伯子男乎? 故得萬國之懽心, 以事其先王. 治國者, 不敢侮於鰥寡, 而況於士民乎? 故得百姓之懽心, 以事其先君. 治家者, 不敢失於臣妾, 而況於妻子乎?

故得人之懽心, 以事其親. 夫然, 故生則親安之, 祭則鬼享之. 是以天下和平, 災害不生, 禍亂不作. 故明王之以孝治天下也如此. 《詩》云: 『有覺德行, 四國順之.』

【孝治】 효로써 천하를 다스림.
【明王】 고대 영명한 제왕. 선왕, 성왕, 성인을 가리킴.
【公侯伯子男】 周나라 때 다섯 등급의 爵位 이름. 천자로부터 分封할 때 주는 칭호의 등급.
【懽】 歡과 같은 뜻임.
【以事其先王】 영명한 제왕의 선왕을 공동 조상으로 여겨, 이를 제사 등으로 받들어 모심을 말함. 아래의 "以事其先君", "以事其親"도 같은 諸侯와 家庭을 두고 한 말의 구조임.
【侮】 慢忽히 대함. 마구 대함.
【鰥寡】 홀아비와 과부. 환(鰥)은 물고기가 잠잘 때도 눈을 감지 않음을 뜻하여 홀아비를 상징함. "老而無妻曰鰥, 老而無夫曰寡"라 함.
【享】 흠향함. 귀신이 이를 즐겁게 접수함.
【詩】 《詩經》 大雅 抑篇의 구절.

〈孔門弟子孔子守墓圖〉

孝經

9

聖治章
성치장

이는 성인이 효로써 천하를 다스린 도리를 설명한 것으로, 성인이 천하를 다스림에는 무엇보다 먼저 자신이 효라는 천성을 실천함으로써 백성에게 감화를 주었음을 말한 것임.

증자가 말하였다.

"감히 여쭙건대 성인의 덕 중에 효보다 더 중한 것이 없습니까?"

공자가 말하였다.

"천지의 본성 중에 사람이 이를 받는 것이 가장 귀한 것이다. 그리고 사람의 행동 중에 효보다 더 큰 것이 없다. 그 효 중에는 어버이를 엄하게 여김만큼 큰 것이 없으며, 어버이를 엄히 여기는 것 중에는 조상을 하늘과 짝지어 배향함만한 것이 없으니 바로 주공周公이 그러한 사람이니라. 옛날 주공은 교사郊祀에 자신의 시조 후직后稷을 하늘과 함께 배향하였으며, 종사宗祀에 문왕文王을 하느님과 함께 배향하였느니라. 이렇게 하여 사해四海 내의 모든 나라와 백성이 각기 자신의 직책과 특산물을 가지고 와서 제사를 올렸던 것이다. 무릇 성인의 덕으로서 어찌 효보다 더한 것이 있겠느냐? 그러므로 자녀로서 부모에 대한 공경은 슬하膝下 때부터 시작되며, 그로써 부모를 봉양하는 태도가 날로 엄해지는 것이다. 성인이 엄함을 바탕으로 공경이라는 것을 가르치고, 효친을 바탕으로 친애라는 것을 가르쳤다. 성인의 가르침은 엄숙하지 않으면서 이루어지고, 그 정치는 엄하지 않으면서 다스려졌으니, 그 바탕을 삼은 바가 근본(효)이기 때문이었다.

아버지와 자식의 도는 하늘의 본성이며, 임금과 신하의 도는 의義이다. 부모가 낳아 주셨으니 종족을 이어감에 이보다 위대함이 없으며, 임금이 친히 임하시니 후厚함이 이보다 중함이 없다. 그러므로 그 어버이를 경애하지 않으면서 남을 경애하는 것을 일러 패덕悖德이라 하고, 그 어버이에게 공경하지 아니하면서 남을 경애하는 것을 일러 패례悖禮라 한다.

순리대로 하면 백성이 이를 법칙으로 삼지만, 거슬리면 백성이 법으로 여길 수 없다. 선행에 근본을 두지 않고 흉덕凶德으로 모든 자리를 차지한 자는, 비록 얻었다 해도 군자는 이를 귀한 것으로 여겨 주지 않는다.

군자라면 그렇게 하지 않는다. 말할 때는 그것이 도에 옳은 것인가를 생각하고 행동할 때는 그것이 남의 즐거움에 맞는 것인가를 생각한다.

그리고 덕의德義는 남의 존중을 받을 만하고, 일을 만듦에는 남이 이를 법으로 삼을 수 있으며, 그의 용모와 행동거지는 가히 볼 만하며, 그의 진토는 가히 법도로 여길 만하여 이로써 백성에게 임하는 것이다. 이 까닭으로 그 백성들은 두려워하면서도 이를 사랑하게 되어 이를 법칙으로 여겨 따르게 된다. 그러므로 능히 그 덕교를 성취하며 그 정령을 시행할 수 있는 것이다. 《시》에 '훌륭하신 저 군자여, 그 의표가 전혀 어긋남이 없네'라 하였느니라."

曾子曰:「敢問聖人之德, 無以加於孝乎?」子曰:「天地之性, 人爲貴; 人之行, 莫大於孝, 孝莫大於嚴父. 嚴父莫大於配天, 則周公其人也. 昔者, 周公郊祀后稷以配天, 宗祀文王於明堂以配上帝. 是以四海之內, 各以其職來祭. 夫聖人之德, 又何以加於孝乎? 故親生之膝下, 以養父母日嚴. 聖人因嚴以教敬, 因親以教愛. 聖人之教, 不肅而成, 其政不嚴而治, 其所因者本也. 父子之道天性也, 君臣之義也. 父母生之, 續莫大焉; 君親臨之, 厚莫重焉. 故不愛其親而愛他人者, 謂之悖德; 不敬其親而敬他人者, 謂之悖禮. 以順則逆, 民無則焉. 不在於善, 而皆在於凶德, 雖得之, 君子不貴也. 君子則不然, 言思可道, 行思可樂. 德義可尊, 作事可法, 容止可觀, 進退可度, 以臨其民; 是以其民畏而愛之, 則而象之; 故能成其德教, 而行其政令.《詩》云:『淑人君子, 其儀不忒.』」

【聖治】 성인이 천하를 다스림을 뜻함.

【配天】 하늘과 짝을 이룸. 天時에 맞추어 조상의 신을 配享하여 제사를 올림.

【周公】 周나라 초기 文王(姬昌)의 아들이며 武王(姬發)의 아우. 이름은 姬旦. 禮樂과 문물제도를 제정하여 儒家의 성인으로 알려져 있으며, 조카 成王(姬誦)을 보필하여 섭정함. 그가 하늘에 제사를 지낼 때 자신들의 始祖 后稷을 함께 배향하였다 함.

【郊祀】 옛날 군주가 국토의 사방에서 하늘에 제사지내는 일. 천지자연에 감사함을 표하는 의식.

【宗祀】 옛날 군주가 자신의 조상신을 종묘에 모셔 제사지내는 일. 조상신에게 감사를 표하는 의식.

【后稷】 周나라의 시조. 虞舜 시대에 農稷之官을 지냈으며 邰 땅에 봉해짐. 이름은 棄. 그로부터 15대를 거쳐 武王에 이르렀으며 천하를 다스리게 됨. 《史記》 周本紀 참조.

【宗祀文王】 주공이 명당에서 제사 지낼 때 자신의 부친 문왕을 天帝와 함께 배향함.

【文王】 姬昌. 원래 商(殷)나라 말기 西伯에 봉해졌으며, 은의 말왕 紂의 폭정을 간하다가 羑里에 갇히기도 하였음. 뒤에 仁政을 베풀어 천하의 인심을 얻었으며 그 아들 武王(姬發)이 紂를 멸하고 나서 무왕으로 추존하였음.

【明堂】 고대 제왕이 정교를 선포하는 곳. 이곳에서 흔히 朝會, 祭祀, 慶賞, 選士, 養老, 教學 등의 전례를 치렀음.

【親生於膝下】 자식으로서의 친(효친, 공경)의 마음은 슬하(어린아이)에서 이미 시작됨. 슬하는 아이가 어려 부모의 무릎 아래에 있을 때를 뜻함. "故親生之膝下"가 《古文孝經》에는 "故親生毓之"로 되어 있음.

【日嚴】 날이 갈수록 부모님을 존경하는 도리가 높아감.

【悖德】 인의 도덕에 어긋남.

【以順則逆, 民無則焉】 이 구절은 탈락이 있는 것으로 보고 있음. 《고문효경》에는 "以訓則昏, 民亡則焉"으로 되어 있음. 따라서 "以順民則, (以)逆民無則焉"(순리대로 하면 백성이 법 받지만 역으로 하면 백성이 법 받을 것이 없다)의 뜻이 되어야 함(〈商務印本〉). 그러나 〈三民本〉에는 "부모를 경애한다면서 지금 스스로

이를 위배하니 백성으로 하여금 법을 따를 수 없게 하다"로 해석하였고, 〈集註本〉에는 이 구절부터 아래 전체를 모두 삭제하고 있다. 그리고 朱子의 말을 인용하여 "朱子曰: 古文: 折不愛其親以下, 別爲一章, 而名冠以子曰; 今文卽合之而又通上章爲一章, 無此二子曰字而於不愛其親上, 加故字. 今詳此章之贊, 語實更端, 當以古之爲正; 不愛其親語意, 正與上文相續, 今文爲正, 至若臣之義之下, 則又當有脫簡焉. 今不能知其爲何字也. 悖禮以上皆格言, 但以順則逆以下, 則又雜取左傳所載季文子·北宮文子之言, 與此上文旣不相應, 以彼此得失. 又如前章所論子產之語, 今刪去凡九十字. 季文子曰: '以訓則昏, 民無則焉. 不度於善, 而皆在於凶德.' 是以去之. 北宮文子曰: '君子, 在位可畏, 施舍可愛, 進退有度, 周旋可則, 容止可觀, 作事可法, 德行可象, 聲氣可樂, 動作有文, 言語有章, 以臨其下.'"라 하였다.

【則而象之】 이를 본받아 법으로 여김.

【詩】《詩經》 曹風 鳲鳩篇의 구절.

〈進食圖〉 甘肅 嘉峪關 戈壁灘 魏晉墓 벽화.

孝經

10

紀孝行章
기효행장

본 장에서는 효자로서 어버이를 섬기는 행위에 대한 기록으로, 경敬, 낙樂, 우憂, 애哀, 엄嚴의 다섯 가지 항목과 교驕, 난亂, 쟁爭의 세 가지 악에 대하여 다루고 있음.

공자가 말하였다.

"효자로서 어버이를 섬김에는 평소에는 그 공경을 다하고 보양함에는 그를 즐겁게 해 드리며, 병환이 나셨다면 그 근심을 다하며, 상을 당해서는 그 애통함으로 할 것이며, 제사에는 그 엄숙함을 다할 것이니라. 이 다섯 가지가 갖추어진 연후에야 능히 어버이를 섬겼다 할 것이다.

어버이를 섬김에는 자신이 윗자리에 있을 때는 교만함이 없도록 하며, 아랫사람이 되어서는 난을 일으키니 않으며, 같은 사람과 함께 할 때는 다툼이 없어야 하느니라.

윗자리에 있으면서 교만하게 굴면 그 자리를 잃게 되고, 아랫사람이 되어 난을 지으면 형벌을 받게 되며, 같은 사람과 함께 하면서 다투게 되면 싸움에 생기게 된다.

이 세 가지를 없애지 않으면 비록 날마다 삼생三牲의 큰 잔치를 열어 어버이를 봉양한다 해도 오히려 불효가 되고 마느니라."

子曰:「孝子之事親也, 居則致其敬, 養則致其樂, 病則致其憂, 喪則致其哀, 祭則致其嚴. 五者備矣, 然後能事親. 事親者, 居上不驕, 爲下不亂, 在醜不爭. 居上而驕則亡, 爲下而亂則刑, 在醜而爭則兵. 三者不除, 雖日用三牲之養, 猶爲不孝也.」

【紀孝行】 효자가 어버이를 모시는 일과 행동을 기록함.

【居】 평상시.

【嚴】 단정하고 엄숙함.

【在醜不爭】 醜는 類와 같음. 같은 일을 하는 자들 사이에는 절대로 다투거나 경쟁해서는 안 됨을 뜻함.

【爲下而亂則刑】 아랫사람이 되어 윗사람을 범하는 등 어지럽히는 경우 형벌을 받음.

【三牲】 소, 양, 돼지를 잡아 대접하는 것. 아주 큰 잔치. 물질적인 풍요를 뜻함.

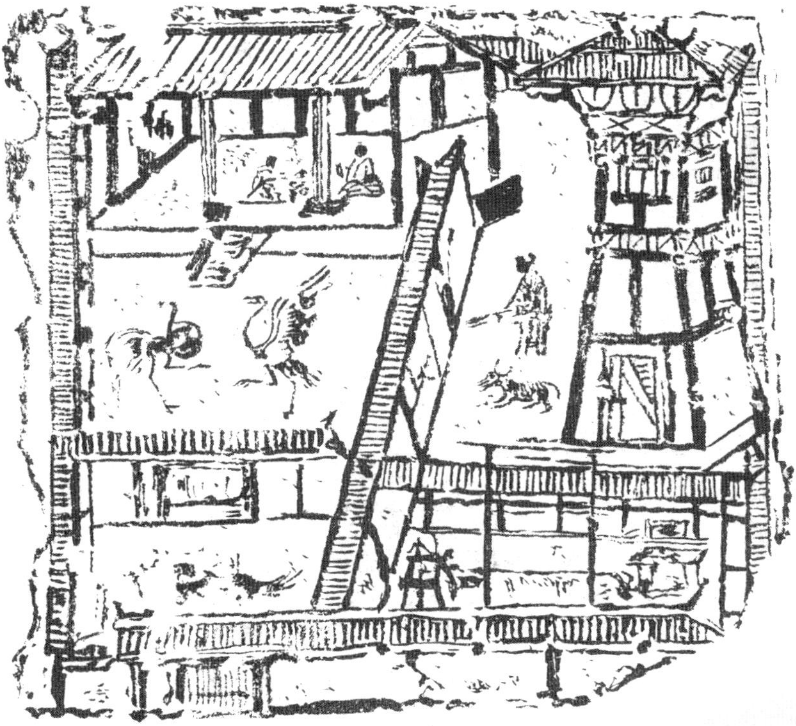

〈庭院建築紋〉 漢代 畫像磚. 四川 成都 揚子山 출토

孝經

11

五刑章
오형장

본 장에서는 세상의 많은 죄악 중에 불효不孝가 가장 큰 것임을 강조하고 있음.

공자가 말하였다.

"오형에 속하는 죄목이 3천 가지나 되지만, 그 죄 중에 불효보다 더 큰 것은 없다. 임금을 협박하는 자는 자신보다 더 윗자리가 없다는 것이며, 성인을 그르다 비방하는 자는 법이 없다고 여기는 것이며, 효자를 비방하는 자는 어버이가 없다고 여기는 것이니라. 이것은 대란大亂으로 가는 길이다."

子曰:「五刑之屬三千, 而罪莫大於不孝. 要君者無上, 非聖人者無法, 非孝者無親, 此大亂之道也.」

【五刑】 고대 형벌 중의 극형으로 墨刑(이마에 먹물들이는 형벌), 劓刑(코 베는 형벌), 刖刑(다리 자르는 형벌), 宮刑(남성 거세하는 형벌), 大辟(목 베는 형벌)이었다 함.

【要君】 무력으로 임금을 협박하는 죄악.

【非聖人者】 성인을 비방하는 자. 非는 誹와 같음. 誹謗함.

【非孝者】 효자를 비방하는 자.

12

廣要道章
광요도장

본 장에서는 요도要道, 즉 효도에 대한 의의를 밝힌 것으로, 만약 능히 선왕의 요도를 넓혀 간다면 백성이 서로 사랑하고 천하가 화락和樂할 것임을 강조한 것임.

공자가 말하였다.

“백성에게 친함과 사랑이 무엇인지 가르치기에는 효로써 하는 것보다 더 좋은 것이 없으며, 백성에게 예절과 순종을 가르침에는 제悌로써 하는 것보다 더 좋은 것이 없으며, 풍속을 개선하고 고침에는 음악으로 하는 것보다 더 좋은 것이 없으며, 윗사람을 편안히 하고 백성을 다스림에는 예禮로써 하는 것보다 더 좋은 것이 없다. 예라고 하는 것은 경敬일 따름이다. 그러므로 자신의 아버지를 공경하면 자신의 아들들이 이를 보고 배워 즐거움을 느끼고, 자신의 형을 공경하면 자신의 아우들이 즐겁게 여기고, 자신의 임금을 공경하면 자신의 신하들이 즐거움을 느낀다. 이처럼 한 사람을 공경하면 천만의 많은 사람이 즐거워하게 된다.

공경해야 할 윗사람은 적은 수이지만, 즐거움을 느끼는 자는 많으니 이를 일러 요도要道라 한다.”

子曰:「教民親愛, 莫善於孝; 教民禮順, 莫善於悌; 移風易俗, 莫善於樂; 安上治民, 莫善於禮. 禮者, 敬而已矣. 故敬其父則子悅, 敬其兄則弟悅, 敬其君則臣悅, 敬一人而千萬人悅. 所敬者寡, 而悅者衆, 此之謂要道也.」

【廣要道】 중요한 도, 즉 효도를 넓힘.
【悌】 형제 자매 사이의 경애와 사랑.
【移風易俗】 풍속을 바른 방향으로 옮기어 바꾸도록 함.

13

廣至德章
광지덕장

본 장에서는 지덕至德, 즉 효행孝行을 설명한 것으로, 만약 선왕의 지덕을 넓혀 간다면 백성이 순종하도록 하고 감화시킬 수 있음을 강조한 것임.

공자가 말하였다.

"군자의 가르침이 효로써 한다고 한 것은 집집마다 찾아가 날마다 보면서 하는 것이 아니다. 가르치되 효로써 하기 때문에 천하 사람으로 아버지 된 자를 공경하는 것이요, 가르치되 제悌로써 하기 때문에 천하 사람으로 형이 된 자를 공경하는 것이요, 가르치되 신하된 자로서 하기 때문에 천하 사람으로 임금된 자를 공경하는 것이다.

《시》에 '훌륭하신 저 군자, 백성의 부모로다'라 하였으니 지극한 덕이 아니라면 그 누가 능히 백성을 순종하게 함이 이와 같이 큰 것일 수 있겠는가!"

子曰:「君子之敎以孝也, 非家至而日見之也. 敎以孝, 所以敬天下之爲人父者也; 敎以悌, 所以敬天下之爲人兄者也; 敎以臣, 所以敬天下之爲人君者也.《詩》云:『愷悌君子, 民之父母.』非至德, 其孰能順民, 如此其大者乎!」

【廣至德】 지극한 덕을 추진하여 넓힘.
【家至】 집집마다 이름.
【詩】《詩經》大雅 泂酌篇의 구절.
【愷悌】 '화락하고 평온함', '훌륭하다'는 뜻.

14

廣揚名章
광양명장

본 장은 후세에 그 이름을 남긴다는 양명揚名에 대한 것으로, 군자란 능히 부모에게 효순孝順하여야 하며 이를 충성으로 옮겨 그 목적을 달성함을 강조한 것임.

공자가 말하였다.

"군자가 어버이를 섬김에 효로써 하니 그 때문에 충忠을 가히 임금에게 옮겨 모실 수 있고, 형을 모심에는 제悌로써 하니 그 때문에 순順을 가히 어른에게 옮겨 모실 수 있으며, 집안에 거居하여는 이理로써 하니 그 때문에 치治를 가히 관직에 옮겨 처리할 수 있는 것이다.

이 까닭으로 행동은 안에서 성취시키되 이름은 후세에 세우는 것이다."

子曰:「君子之事親孝, 故忠可移於君; 事兄悌, 故順可移於長; 居家理, 故治可移於官. 是以行成於內, 而名立於後世矣.」

【廣揚名】 자신의 이름을 날려 부모를 출세시킬 일을 넓힘.

【行成於內】 집안에서 효제의 덕행을 완전하게 수행해 냄.

15

諫諍章
간쟁장

본 장에서는 아들 된 자와 신하 된 자의 도리를 밝힌 것으로, 부모나 군주가 의리에 위배된 과실이 있을 경우 직언으로 권고하는 것이 진정한 효순孝順임을 밝힌 것임.

증자가 말하였다.

“만약 무릇 자애慈愛와 공경恭敬, 그리고 안친安親과 양명揚名에 대한 것이라면 이미 가르침을 들었습니다. 감히 여쭙건대 아들이 아버지의 명령을 따른다면 가히 이를 효라고 이를 수 있습니까?”

공자가 말하였다.

“이 무슨 말인가? 이 무슨 말인가? 옛날 천자로서 간쟁하는 신하가 일곱만 있어도 비록 천자가 무도하다 해도 그 천하를 잃지 않았으며, 제후로서 간쟁하는 신하가 다섯만 있어도 비록 그 제후가 무도하다 해도 그 나라를 잃지 않았으며, 대부로서 간쟁하는 신하가 셋만 있다 해도 그 대부가 비록 무도하다 해도 그 집을 잃지 않았으며, 선비로서 간쟁하는 친구만 있다면 그 자신이 아름다운 명예를 잃지 않았고, 아버지로서 간쟁하는 아들이 있으면 그 자신이 불의에 빠지지 않았느니라. 그러므로 옳지 못한 일에 당했다면 아들로서 아버지에게 간쟁하지 않을 수 없으며, 신하로서 임금에게 간쟁하지 않을 수 없는 것이니라. 그러므로 옳지 못한 일에 당했다면 이를 간쟁해야 하나니, 아버지의 명령이라 해서 따르기만 한다면 어찌 효를 해냈다고 할 수 있겠는가?”

曾子曰: 「若夫慈愛·恭敬·安親·揚名, 則聞命矣. 敢問子從父之令, 可謂孝乎?」 子曰: 「是何言與! 是何言與? 昔者, 天子有爭臣七人, 雖無道, 不失其天下; 諸侯有爭臣五人, 雖無道, 不失其國; 大夫有爭臣三人, 雖無道, 不失其家; 士有爭友, 則身不離於令名; 父有爭子, 則身不陷於不義. 故當不義, 則子不可以不爭於父, 臣不可以不爭於君. 故當不義則爭之, 從父之令, 又焉得爲孝乎?」

【諫諍】 서로의 과실이나 착오가 있을 때 이를 직언으로 권고하고 알려드림을 뜻함.
【安親】 부모가 안심하고 자녀의 효도와 봉양을 받아들임.
【命】 가르치고 깨우쳐 줌.
【與】 '歟'와 같음. 접미사로 의문이나 감탄, 반어의 뜻을 나타냄.
【國】 제후가 다스리는 나라.
【家】 경대부의 식읍.
【令名】 아름다운 명예. '令'은 '아름답다'의 뜻.

제사에 사용하는 조상 畫像. 浙江 泰順 庫村 민간 堂宇.

孝經

16

感應章
감응장

본 장에서는 효제孝悌란 신명과 통응通應할 수 있음을 설명한 것으로, 천자가 부모에게 효를 다하고 천지에 제사를 올린다면 복을 내려주고 천하가 모두 즐겁게 복종하게 됨을 강조한 것임.

공자가 말하였다.

"옛날 명왕明王의 어버이 모심에 효로써 하였으니, 그 때문에 하늘의 밝은 도리를 모셨던 것이다. 어머니를 모심에 효로써 하였으니, 그 때문에 땅의 보살핌을 섬겼던 것이다. 그리고 어른과 어린 사람 사이에는 순종으로써 하였으니, 그 때문에 상하가 다스려졌던 것이다.

천지의 밝음과 보살핌에 대하여 모심으로써 신명神明이 드러나 밝혀지는 것이다. 그 때문에 비록 천자라 해도 반드시 존대해야 할 것이 있으니 말로 하면 바로 아버지이다. 그리고 반드시 앞세워야 할 것이 있으니 말로하면 이것이 형이니라. 종묘를 세워 공경을 다함은 그 어버이를 잊지 않음이요, 자신을 수양하여 행동에 삼가는 것은 선조에게 욕이 되면 어쩌나 하는 것이다. 종묘에 공경을 다하면 귀신이 드러나는 것이며 효제를 지극함에 이르게 하면 신명과 통하게 되어 그 빛이 사해에 두루 퍼져 통하지 않는 곳이 없게 된다.

《시》에 '서쪽으로부터 동쪽으로부터 남에서 북에서 복종하여 오지 않는 이가 없네'라 하였느니라."

子曰:「昔者, 明王事父孝, 故事天明; 事母孝, 故事地察; 長幼順, 故上下治; 天地明察, 神明彰矣. 故雖天子, 必有尊也, 言有父也; 必有先也, 言有兄也; 宗廟致敬, 不忘親也; 脩身愼行, 恐辱先也; 宗廟致敬, 鬼神著矣. 孝悌之至, 通於神明, 光于四海, 無所不通.《詩》云:『自西自東, 自南自北, 無思不服.』」

【感應】 음양 이기가 서로 상응하여 영향을 줌을 뜻함. 여기서는 효제의 도리를 성실히 행하면 그 지성이 가히 신명을 감응시킬 수 있다는 뜻.

【事天明】 하늘이 천하에게 화육(化育)의 큰 밝음을 내려줌을 고맙게 여겨 받들어 하늘에 제사를 올림을 뜻함.

【事地察】 땅이 사람에게 필요한 것을 살펴 제공해 줌을 고맙게 여겨 받들어 모심. 지신에게 감사의 제사를 올림을 뜻함.

【辱先】 선조의 명예를 욕되게 함.

【詩】《詩經》大雅 文王有聲편의 구절.

曾子像

三才圖會　人物四卷　二十

曾子名參字子輿聖門一貫之傳參獨以魯得而其學問本源則孝爲之地也嘗自言曰吾事齊爲吏祿不過鍾釜猶欣然喜者樂逮親也南遊於楚轉轂百乘猶北向而泣者悲不逮親也唐元宗贈郕伯宋度宗封郕國公文宗加贈宗聖公

曾子《三才圖會》

17

事君章
사군장

본 장은 임금을 모시는 도리를 설명한 것으로, 현인군자가 관직에 있을 때는 충성으로 윗사람을 섬겨 나라를 위해 일을 하여야 자신의 재능을 다한 것임을 강조한 것임.

공자가 말하였다.

"군자가 그 윗사람을 모심에 나아가서는 충성을 다할 것을 생각하고, 물러나서는 자신의 허물을 고칠 것을 생각하여 장차 그 아름다운 미덕에 따르고, 그 악에 대하여는 바로잡아 주고 구제해 준다. 그러므로 상하가 능히 서로 친히 할 수 있는 것이다. 《시》에 '마음 속으로 그를 사랑하니 어찌 일러 주지 않으랴, 마음 깊이 갈무리하고 있으니 어느 날인들 잊을 수 있으랴!'라 하였느니라."

子曰:「君子之事上也. 進思盡忠, 退思補過, 將順其美, 匡救其惡, 故上下能相親也.《詩》云:『心乎愛矣, 遐不謂矣; 中心藏之, 何日忘之!』」

【事君】 임금을 모심.
【進】 임금에게 나아가 알현함. 벼슬길에 나아감을 뜻함.
【退】 물러나 집에 거함. 벼슬길에서 물러남을 뜻함.
【匡救其惡】 그 악함을 바르게 고쳐 주고 구제해 줌. '匡'은 糾正을 뜻함.
【詩】《詩經》 小雅 隰桑篇의 구절.
【遐】 '何'와 같음. 同音通假로 쓰였음.

18

喪親章
상친장

본 장은 친상을 당했을 때, 예법을 준수하여 살아서는 경애敬愛를 다하고, 돌아가셨을 때는 애척哀戚을 다하도록 한 《효경》의 총 결론에 해당함.

공자가 말하였다.

"효자로서 어버이 상을 당하였을 때는 곡할 때 여음을 길게 늘이지 아니하며, 예라고 해서 그 용모를 단정히 할 수도 없으며, 언어도 아름답게 수식할 수가 없고, 좋은 옷을 입으면 불안하고, 음악을 들어도 즐겁지 아니하며, 맛있는 음식을 먹어도 달지 아니하니 이것이 애척哀戚의 정이다.

돌아가신 지 사흘이 지나야 밥을 먹을 수 있게 한 것은 백성에게 죽은 이 때문에 살아 있는 자가 상해를 입어 그 본성을 훼멸함이 없도록 하기 위한 가르침이니 이는 성인의 행정이다.

그리고 상은 삼년을 넘기지 않도록 한 것은, 백성에게 애상哀傷을 마쳐야 함을 알려 주기 위한 것이다.

죽은 이를 위하여 관과 곽, 옷과 이불을 만들어 거행하고 보궤簠簋 등 그릇을 진열하여 애통함을 표한다. 가슴을 치며 펄펄 뛰고 통곡하며 눈물지어 슬픔 속에 이를 보내며, 그 무덤 터를 정하여 이를 안장하고 종묘를 설치하여, 그 귀신을 제향祭享하며 봄가을로 제사를 지내며 때때로 이를 생각하여 사모한다. 살아 계실 때에는 사랑과 존경으로 모시고, 돌아가셨을 때에는 슬픔으로 이를 모셔야 한다.

이렇게 하면 살아 있는 사람으로서 그 본성을 다하였다고 할 수 있으며, 살고 죽음에 대한 의가 모두 갖추어졌다고 할 수 있으며, 효자로서 어버이 섬김을 마쳤다고 할 수 있느니라."

子曰:「孝子之喪親也, 哭不偯, 禮無容, 言不文, 服美不安, 聞樂不樂, 食旨不甘, 此哀戚之情也. 三日而食, 教民無以死傷生, 毁不滅性, 此聖人之政也. 喪不過三年,示民有終也. 爲之棺·槨·衣·衾而擧之, 陳其簠簋而哀慼之. 擗踊哭泣, 哀以送之; 卜其宅兆, 而安措之; 爲之宗廟, 以鬼享之; 春秋祭祀, 以時思之. 生事愛敬, 死事哀慼, 生民之本盡矣, 死生之義備矣, 孝子之事親終矣.」

【親喪】 어버이 상을 당했을 때의 효를 설명한 것임.

【偯】 통곡할 때 느리고 길게 소리를 내는 것. '의'로 읽음. 《古文孝經》에는 '依'로 되어 있음.

【文】 문식, 수식.

【旨】 맛있는 음식.

【三日而食】 부모가 돌아가신 뒤 사흘이 지나야 음식을 먹을 수 있음.

【以死傷生】 돌아가신 부모에게 너무 애통해하다가 살아 있는 자신이 상해를 입음.

【政】 법칙. 성인이 제정한 법칙. 《古文孝經》에는 '正'으로 되어 있음.

【喪不過三年】 상기는 삼년을 초과하지 않음.

【棺槨衣衾】 殮禮를 치르기 위한 준비물. 內棺外槨이라 하여 관에는 시신을 넣으며 이를 다시 곽에 넣음. 옷과 이불은 죽은 이에게 입히고 덮는 것. 小斂에서는 옷을 입히고 이불을 덮으며 大斂에서는 관에 넣고 다시 곽에 넣어 봉함.

【簠簋】 고대 祭祀와 饗宴에서 黍稷을 담는 그릇. 대나무로 만들었으며, 簠는 方形, 簋는 圓形이었음.

【擗踊】 슬픔을 참지 못하여 가슴을 치고 발을 구름.

【卜】 장지를 정함.

【宅兆】 분묘. 장지.

【爲之宗廟】 '爲之'는 '만들다'의 뜻. 종묘를 만들어 위패를 모신 다음 제사를 올림.

《효경》에 주를 단 唐 玄宗(李隆基)

부 록

Ⅰ. 《고문효경古文孝經》 원문原文

漢 武帝 때 魯나라 共王(恭王)이 孔子 舊宅의 벽을 허물다가 발견된 소위 孔壁 古文經學의 일부로, 蝌蚪文으로 표기되어 있다. 모두 22장으로 나뉘어져 있으며 今文에 없는 〈閨門〉장이 더 있고 순서도 다르다.

《漢書》 藝文志 六藝略의 「《孝經古孔氏》 一篇, 二十二章」 顔師古 주에 "劉向云古文字也. 庶人章分爲二也, 曾子敢問章爲三, 又多一章, 凡二十二章"이라 하였으며 ……漢興, 長孫氏·博士江翁·少府后倉·諫大夫翼奉·安昌侯張禹傳之, 各自名家. 經文皆同, 唯孔氏壁中古文爲異. 「父母生之, 續莫大焉」, 「故親生之膝下」, 諸家說不安處, 古文字讀皆異"라 하였다.

〈四庫全書〉에는 《古文孝經孔氏傳》 1권(孔安國)과 《宋本古文孝經》 1권이 1冊으로 수록되어 있다.

글자도 '義'는 모두 '誼'로, '無'는 '亡'로, '悅'은 '說'로 되어있는 등 일부 차이가 있으며 또한 매 장 첫머리에는 "子曰" 두 글자가 있어 공자의 말임을 분명히 밝히고 있다. 이상으로 보아 《고문효경》은 《금문효경》의 대조와 교감, 주석에 큰 도움이 되고 있다.

1. 開宗明誼章 第一

仲尼閒居. 曾子侍坐.

子曰:「參! 先生有至德·要道, 以訓天下, 民用和睦, 上下亡怨. 女知之乎?」

曾子辟席曰:「參不敏, 何足以知之?」

子曰:「夫孝, 德之本也. 教之所繇生. 復坐! 吾語女. 身體髮膚, 受之父母, 不敢毀傷, 孝之始也; 立身行道, 揚名於後世, 以顯父母, 孝之終也. 夫孝, 始於事親, 中於事君, 終於立身. 〈大雅〉云:『亡念爾祖? 聿脩厥德.』」

2. 天子章 第二

子曰:「愛親者, 不敢惡於人; 敬親者, 不敢慢於人. 愛敬盡於事親, 然後德教加於百姓, 刑於四海, 蓋天子之孝也. 〈呂刑〉云:『一人有慶, 兆民賴之.』」

3. 諸侯章 第三

子曰:「居上不驕, 高而不危; 制節謹度, 滿而不溢. 高而不危, 所以長守貴也; 滿而不溢, 所以長守富也. 富貴不離其身, 然後能保其社稷, 而和其民人, 蓋諸侯之孝也. 《詩》云:『戰戰兢兢, 如臨深淵, 如履薄冰.』」

4. 卿大夫章 第四

子曰:「非先王之法服, 不敢服; 非先王之法言, 不敢道; 非先王之德行, 不敢行. 是故非法不言, 非道不行; 口亡擇言, 身亡擇行. 言滿天下亡口過, 行滿天下亡怨惡. 三者備矣, 然後能保其祿位, 而守其宗廟, 蓋卿大夫之孝也. 《詩》云:『夙夜匪解, 以事一人.』」

5. 士章 第五

子曰:「資於事父以事母, 其愛同; 資於事父以事君, 其敬同. 故母取其愛,而君取其敬, 兼之者父也. 故以孝事君, 則忠; 以悌事長, 則順. 忠順不失, 以事其上, 然後能保其爵祿, 而守其祭祀, 蓋士之孝也.《詩》云:『夙興夜寐, 亡忝爾所生.』」

6. 庶人章 第六

子曰:「因天之時, 就地之利, 謹身節用, 以養父母, 此庶人之孝也.」

7. 孝平章 第七

子曰:「故自天子以下至於庶人, 孝亡終始, 而患不及者, 未之有也.」

8. 三才章 第八

曾子曰:「甚哉! 孝之大也.」子曰:「夫孝, 天之經也, 地之誼也, 民之行也. 天地之經, 而民是則之; 則天之明, 因地之利, 以訓天下. 是以其教不肅而成, 其政不嚴而治. 先王見教之可以化民也, 是故先之以博愛, 而民莫遺其親; 陳之於德誼, 而民興行; 先之以敬讓, 而民不爭; 道之以禮樂, 而民和睦; 示之以好惡, 而民知禁.《詩》云:『赫赫師尹, 民具爾瞻!』」

9. 孝治章 第九

子曰:「昔者, 明王之以孝治天下也, 不敢遺小國之臣, 而況於公侯伯子男乎? 故得萬國之歡心, 以事其先王. 治國者, 不敢侮於鰥寡, 而況於士民乎? 故得百姓之歡心, 以事其先君. 治家者, 不敢失於臣妾, 而況於妻子乎? 故得人之歡心, 以事其親. 夫然, 故生則親安之, 祭則鬼享之. 是以天下和平, 災害不生, 禍亂不作. 故明王之於孝治天下也如此.《詩》云:『有覺德行, 四國順之.』」

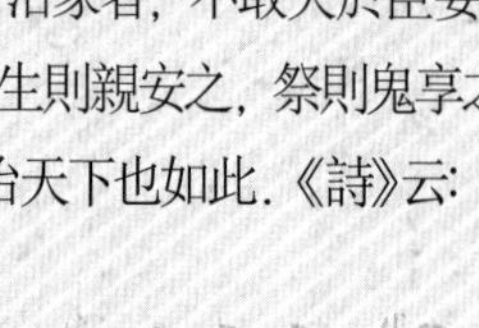

10. 聖治章 第十

曾子曰:「敢問聖人之德, 其亡以加於孝乎?」子曰:「天地之性, 人爲貴; 人之行, 莫大於孝, 孝莫大於嚴父. 嚴父莫大於配天, 則周公其人也. 昔者, 周公郊祀后稷以配天, 宗祀文王於明堂以配上帝. 是以四海之內, 各以其職來助祭. 夫聖人之德, 又何以加於孝乎? 故親生毓之, 以養父母日嚴. 聖人因嚴以教敬, 因親以教愛. 聖人之教, 不肅而成, 其政不嚴而治, 其所因者本也.」

11. 父母生績(續)章 第十一

子曰:「父子之道, 天性也, 君臣之誼也. 父母生之, 績莫大焉; 君親臨之, 厚莫重焉.」

12. 孝優劣章 第十二

子曰:「不愛其親而愛他人者, 謂之悖德; 不敬其親而敬他人者, 謂之悖禮. 以訓則昏, 民亡則焉. 不宅於善, 而皆在於凶德, 雖得志, 君子弗從也. 君子則不然, 言思可道, 行思可樂. 德誼可尊, 作事可法, 容止可觀, 進退可度, 以臨其民; 是以其民畏而愛之, 則而象之; 故能成其德教, 而行其政令.《詩》云:『淑人君子, 其儀不忒.』」

13. 紀孝行章 第十三

子曰:「孝子之事親乎, 居則致其敬, 養則致其樂, 疾則致其憂, 喪則致其哀, 祭則致其嚴. 五者備矣, 然後能事其親. 事親者, 居上不驕, 爲下不亂, 在醜不爭. 居上而驕則亡, 爲下而亂則刑, 在醜而爭則兵. 此三者不除, 雖日用三牲之養, 繇爲不孝也.」

14. 五刑章 第十四

子曰:「五刑之屬三千, 而辠莫大於不孝. 要君者亡上, 非聖人者亡法, 非孝者亡親, 此大亂之道也.」

15. 廣要道章 第十五

子曰:「教民親愛, 莫善於孝; 教民禮順, 莫善於弟; 移風易俗, 莫善於樂; 安民治民, 莫善於禮. 禮者, 敬而已矣. 故敬其父則子說, 敬其兄則弟說, 敬其君則臣說, 敬一人而千萬人說. 所敬者寡, 而說者衆, 此之謂要道也.」

16. 廣至德章 第十六

子曰:「君子之教以孝也, 非家至而日見之也. 教以孝, 所以敬天下之爲人父者; 教以弟, 所以敬天下之爲人兄者; 教以臣, 所以敬天下之爲人君者.《詩》云:『愷悌君子, 民之父母.』非至德, 其孰能訓民, 如此其大者乎?」

17. 感應章 第十七

子曰:「昔者, 明王事父孝, 故事天明; 事母孝, 故事地察; 長幼順, 故上下治; 天地明察, 神明章矣. 故雖天子, 必有尊也, 言有父也; 必有先也, 言有兄也; 宗廟致敬, 不忘親也; 脩身愼行, 恐辱先也; 宗廟致敬, 鬼神著矣. 孝弟之至, 通於神明, 光於四海, 亡所不曁.《詩》云:『自西自東, 自南自北, 亡思不服.』

18. 廣揚名章 第十八

子曰:「君子事親孝, 故忠可移於君; 事兄弟, 故順可移於長; 居家理, 故治可移於官. 是以行成於內, 而名立後世矣.」

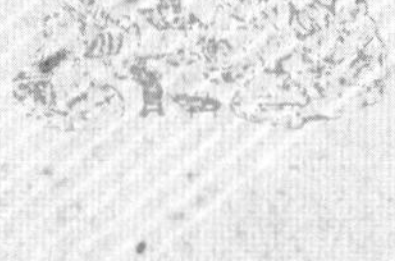

19. 閨門章 第十九

子曰:「閨門之內, 具禮矣乎! 嚴父嚴兄, 妻子臣妾, 繇百姓徒役也.」

20. 諫諍章 第二十

曾子曰:「若夫慈愛·龔敬·安親·揚名, 參聞命矣. 敢問子從父之命, 可謂孝乎?」子曰:「參, 是何言與! 是何言與? 昔者, 天子有爭臣七人, 雖亡道, 不失天下; 諸侯有爭臣五人, 雖亡道, 不失其國; 大夫有爭臣三人, 雖亡道, 不失其家; 士有爭友, 則身不離於令名; 父有爭子, 則身不陷於不誼. 故當不誼, 則子不可以不爭於父, 臣不可以不爭於君. 故當不誼則爭之, 從父之命, 又安得爲孝乎?」

21. 事君章 第二十一

子曰:「君子之事上也. 進思盡忠, 退思補過, 將順其美, 匡救其惡, 故上下能相親也.《詩》云:『心乎愛矣, 遐不謂矣; 中心藏之, 何日忘之!』」

22. 喪親章 第二十二

子曰:「孝子之喪親也, 哭不依, 禮無容, 言不文, 服美不安, 聞樂不樂, 食旨不甘, 此哀戚之情也. 三日而食, 教民無以死傷生也, 毁不滅性, 此聖人之正也. 喪不過三年, 示民有終也. 爲之棺·槨·衣·衾而擧之, 陳其簠簋而哀戚之. 哭泣擗踊, 哀以送之; 卜其宅兆, 而安措之; 爲之宗廟, 以鬼享之; 春秋祭祀, 以時思之. 生事愛敬, 死事哀戚, 生民之本盡矣, 死生之誼備矣, 孝子之事親終矣.」

Ⅱ. 역대歷代 서발序跋

1. 〈孝經序〉 ························ 唐, 玄宗(李隆基)

朕聞上古, 其風朴略. 雖因心之孝已萌, 而資敬之禮猶簡. 及乎仁義旣有, 親譽益著. 聖人知孝之可以教人也, 故因嚴而教敬, 因親以教愛. 於是以順移忠之道昭矣, 立身揚名之義彰矣. 子曰: 「吾志在春秋, 行在孝經.」是知孝者德之本歟! 經曰: 「昔者明王之以孝理天下也, 不敢遺小國之臣, 而況於公侯伯子男乎?」朕常三復斯言, 景行先哲, 雖無德教加於百姓, 庶幾廣愛形于四海. 嗟乎! 夫子沒而微言絶, 異端起而大義乖. 況煨泯絶於秦, 得之者皆煨燼之末, 濫觴於漢, 傳之者, 皆糟粕之餘. 故魯史春秋, 學開五傳, 國風雅頌, 分爲四詩, 去聖逾遠, 源流益別. 近觀孝經舊註, 踳駁尤甚. 至於跡相祖述, 殆且百家, 業擅專門, 猶將十室, 希升當者, 必自開戶牖, 攀逸駕者, 必騁殊軌轍. 是而道隱小成, 言隱浮僞, 且傳以通經爲義, 義以必當爲主, 至當歸一, 精義無二, 安得不翦其繁蕪, 而撮其樞要也? 韋昭·王肅, 先儒之領袖; 虞翻·劉邵, 抑又次焉. 劉炫明安國之本, 陸澄譏講成之註. 在理或當, 何必求人? 今故特擧六家之異同，會五經之旨趣，約文敷暢，義則昭然，分註錯經，理亦條貫，寫之琬琰，庶有補於將來，且夫子談經，志取垂訓，雖五孝之用則別，而百行之源不殊．是以一章之中，凡有數句，一句之內，意有兼明，具載則文繁，略之又義闕，今存於疏，用廣發揮．

2. 〈御註孝經序〉 .... 元行冲

左散騎常侍兼麗正殿修國史上柱國武强縣開國公臣元行冲奉勅撰．

大唐受命百有四年，皇帝君臨之十載也．赫矣皇業，康哉帝道，萬方宅心，四隩來塈，握黃炎堯禹之契，欽日月星辰之序，提衡而運陰陽，法繇而張禮樂，車服必軌，聲明偕度，所以振國容焉．儀宿賦班，笙韜授律，所以淸邦禁焉．配圓穹而比崇，匝環海而方大．無文咸秩，能事斯畢．惟德是經，惟刑之恤，笙鏞穆頌，鱗羽暉禎，申耕籍以勸農，飾膠庠而訓冑．優勞庶積，緝熙睿圖，聽政之餘，從容文史，緹紬緗竹，岳仞銅龍之殿，舒向嚴枚，雲驤金馬之闥．或散志編述，或留情墳誥，以爲孝者德之本，教之所由生．夫子談經，文該旨賾．諸家所說，理藹詞繁．爰命近臣，疇咨儒學，搜章摘句，究本尋源，練康成安國之言，銓王肅韋昭之訓，近賢新注，咸入討論，分別異同，比量疎密，總編呈進，取正天心，每伺休閒，必親披校，滌除氛薈，搴摭菁華，寸長無遺，片善必舉，或削以存要，或足以圓文，其有義疑兩存，理翳千古，常情所昧，玄鑒斯通，則獨運神禁，躬垂筆削，發明幽遠，剖析毫釐，目牛無全，示掌非著，累葉堅滯，一朝氷釋，乃敕宰臣曰：朕以孝經，德教之本也，自昔詮解，其徒寔繁，竟不能覈其宗，明其奧，觀斯蕪漫，誠亦病諸．頃與侍臣，參詳厥理，爲之訓注，冀闡微言，宜集學士儒官，僉議可否．於是左散騎常侍崇文館學士劉子玄·國子司業李元瓘·著作郎弘文館學士胡晧·國子博士弘文館學士司馬貞·左拾遺太子侍讀潘元祚·前贊善大夫鄂王侍讀魏處鳳·大學博士郯王侍讀郄亨·大學博士陜王侍讀徐英哲·前千牛長史郢王侍讀郭謙光·國子助教鄫王侍讀范行恭，及諸學官等，鴻都碩德，當代名儒，咸集廟堂，恭尋聖義，捧代吟咀，探紬反覆，至於再，至於三，動色相歡，昌言稱美，曰：大義湮鬱，垂七百年，皇上識洞玄樞，情融繫表，革前儒必固之失，道先王至要之源，守章疏之常談，謂窮涯涘，覩逢瀛之奧理，方論高深，伏請頒傳，希新耳目．侍中安陽縣男源乾曜·中書令河東縣南張嘉貞等奏曰:「天文昭煥，洞合幽微，望即施行，佇光來葉．其序及疏，並委行冲修撰.」制:「曰可.」伏以經言簡約，妙理精深，貴賤同珍，賢愚共習，故得上施黌塾，遠彼蒼垠，至若象尼丘山，壞孔子宅，美曾參至孝之性，陳宣父述作之由，漢魏相沿，曾無異說，比經斟討，略不爲疑，凡諸發揮，序所作意，意旣先見，今則不書．微臣朽老，猥職墳籒，思塗艱窒，才力昏無，宸光曲臨，推謝理絶，晞大明而挹耀，顧宵燭而知慙，勉課庸音，式遵明制，敢題經首，永贊鴻徽云爾．

3. 〈孝經註疏序〉 .... 宋，邢昺

翰林侍講學士朝請大夫守國子祭酒上柱國賜紫金魚袋臣邢昺等奉勅校定注疏成都府學主鄕貢傅注奉右撰．

夫《孝經》者，孔子之所述作也．述作之旨者: 昔聖人蘊大聖德，生不偶時．適值周室衰微，王綱失墜，君臣僭亂，禮樂崩頹．居上位者賞罰不行，居下位者褒貶無作．孔子遂乃定禮樂，删《詩》·《書》，贊《易》道，以明道德仁義之源．修《春秋》，以正君臣父子之法．又慮雖知其法，未知其行，遂說《孝經》一十八章，以明君臣父子之行所寄．知其法者修其行，知其行者謹其法．故《孝經緯》:「孔子云: 欲觀我褒貶諸侯之志在《春秋》，崇人倫之行在《孝經》.」是知《孝經》雖居六籍之外，乃與《春秋》爲表矣!

先儒或云:「夫子爲曾參所說」，此未盡其指歸也．蓋曾子在七十弟子中，孝行最著．孔子乃假立曾子爲請益問答之人，以廣明孝道．旣說之後，乃屬與曾子．洎秦焚書，幷爲煨燼．漢膺天命，復闡微言．《孝經》河間顔芝所藏，因始傳之於世．自西漢及魏，歷晉·宋·齊·梁，注解之者迨及百家．至有唐之初，雖備存秘府，而簡編多有殘缺．傳行者，唯孔安國·鄭康成兩家之注，幷有梁博士皇侃義疏，播於國序．然辭多紕謬，理昧精研．至唐玄宗朝，乃詔群儒學官俾其集議，是以劉子玄辨鄭注有十謬七惑，司馬堅斥孔注多鄙俚不經．其餘諸

家注解, 皆榮華其言, 妄生穿鑿. 明皇遂於先儒注中采摭菁英, 芟去煩亂, 撮其義理允當者用爲注解. 至天寶二年, 注成, 頒行天下. 仍自八分御札, 勒于石碑, 卽今京兆石臺《孝經》是也.

4. 〈古文孝經序〉 ························ 漢, 孔安國

孝經者何也? 孝者, 人之高行, 經, 常也. 自有天地人民以來, 而孝道著矣. 上有明王, 則大化滂流, 充塞六合. 若其無也, 則斯道滅息. 當吾先君孔子之世, 周失其柄, 諸侯力爭, 道德旣隱, 禮誼又廢, 至乃臣弑其君, 子弑其父, 亂逆無紀, 莫之能正. 是以夫子每於閒居而歎述古之孝道也.

夫子敷先王之敎於魯之洙泗, 門徒三千, 而達者七十有二也. 貫首弟子顔回·閔子騫·冉伯牛·仲弓性也, 至孝之自然, 皆不待諭而寤者也. 其餘則悱悱憤憤, 若存若亡. 唯曾參躬行匹夫之孝, 而未達天子諸侯以下揚名顯親之事. 因侍坐而諮問焉. 故夫子告其誼. 於是曾子喟然知孝之爲大也, 遂集而錄之, 名曰孝經, 與五經竝行於世.

逮乎六國, 學校衰廢. 及秦始皇焚書坑儒, 孝經由是絶而不傳也. 至漢興, 建元之初, 河間王得而獻之. 凡十八章. 文字多誤, 博士頗以敎授.

後魯共王使人壞夫子講堂, 於壁中石函, 得古文孝經二十二章, 載在竹牒, 其長尺有二寸, 字科斗形. 魯三老孔子惠, 抱詣京師, 獻之天子. 天子使金馬門待詔學士與博士群儒, 從隷字寫之. 還子惠一通, 以一通賜所幸侍中霍光. 光甚好之, 言爲口實. 時王公貴人, 咸神秘焉, 比於禁方. 天下競欲求學, 莫能得者. 每使者至魯, 輒以人事請索, 或好事者, 募以錢帛, 用相問遺. 魯吏有至帝都者, 無不齎持以爲行路之資.

故古文孝經, 初出於孔氏, 而今文十八章, 諸儒各任意巧說, 分爲數家之誼. 淺學者以當六經, 其大車載不勝, 反云孔氏無古文孝經, 欲矇時人, 度其爲說, 誣亦甚矣.

吾愍其如此, 發憤精思, 爲之訓傳, 悉載本文, 萬有餘言, 朱以發經, 墨以起傳, 庶後學者, 覩正誼之有在也. 今中秘書皆以魯三老所獻古文爲正, 河間

王所上, 雖多誤, 然以先出之故, 諸國往往有之. 漢先帝發詔, 稱其辭者, 皆言傳曰. 其實今文孝經也.

昔吾逮從伏生論古文尚書誼. 時學士會. 云出叔孫氏之門. 自道知孝經有師法. 其說移風易俗, 莫善於樂. 謂天子用樂, 省萬邦之風, 以知其盛衰, 衰則移之以貞盛之敎, 淫則移之以貞固之風. 皆以樂聲知之. 知則易之. 故云移風易俗, 莫善於樂也. 又師曠云:「吾驟歌南風, 多死省, 楚必無功, 卽其類也.」且曰:「庶民之愚, 安得識音, 而可以樂移之乎?」當時衆人僉以爲善, 吾嫌其說迂. 然無以難之, 後推其意, 殊不得爾也.

子游爲武城宰, 作絃歌以化民. 武城之下邑, 而猶化之以樂, 故傳曰:「夫樂, 以關山川之風, 以曜德於廣遠. 風德以廣之, 風物以聽之, 脩詩以詠之, 脩禮以節之.」又曰:「用之邦國焉, 用之鄉人焉.」此非唯天子用樂明矣.

夫雲集而龍興, 虎嘯而風起, 物之相感, 有自然者, 不可謂毋也. 胡笳吟動, 馬蹀而悲, 黃老之彈, 嬰兒起舞, 庶民之愚, 愈於胡馬與嬰兒也, 何爲不可以樂化之?

經又云:「敬其父則子說, 敬其君則臣說, 而說者以爲各自敬其爲君父之道, 臣子乃說也.」余謂不然. 君雖不君, 臣不可以不臣; 父雖不父, 子不可以不子. 若君父不敬, 其爲君父之道, 則臣子便可以忿之邪? 此說不通矣. 吾爲傳皆弗之從焉也.

5. 〈孝經集註序〉 .... 元, 武弗態禾

孔門之學, 惟曾氏得其宗, 曾氏之書有二, 曰大學曰孝經. 經傳章句, 頗亦相似. 學以大學爲本, 行以孝經爲先, 自天子至庶人一也. 堯典一篇, 大學·孝經之祖也; 自克明峻德, 以至親睦九族, 極而百姓之昭明, 萬邦之於變, 大學之序也. 孝之爲道, 蓋已具於親睦九族之中矣, 何也? 一本故也.

自是舜以克孝而徽五典, 禹以致孝而敍彛倫, 伊尹述成湯之德: 一則曰立愛惟親, 二則曰奉先思孝. 人紀之脩, 孰大乎是? 文王周公師是而行, 備見於禮記所載, 上而宗廟之享, 下而子孫之保. 其爲孝, 蔑有加焉, 功化之盛, 至使

四海之內，人人親其親，長其長，一麟毛，一芽甲之微，無一不得所．嗚呼！二帝三王之教，可謂大矣．

孝經一書，卽其遺法也．世入春秋，皇綱紐鮮，孔子傷之，三復惜者，王孝治之言，思之深，望之切矣．誠使天子公卿明躬行其上．凡禮樂刑政之具，壹是以孝爲本，則斯道也，固天性之自然，人心之固有，一轉移間，王道顧不易易乎！惜也！徒託之空言，而僅見於文人記錄之書也．書存而道可擧，雖不能行之一時，猶可詔之來世．今此經之可考者，不過漢藝文志而已，而其篇次，則顔注古文二十二章，孔壁所藏本也．今文一十八章，河間王所得顔芝本，而劉向芝所參校者也．要之，出於諸儒傳會，皆非曾氏門人所記舊文矣．

唐玄宗開元敕議，意非不美，而司馬貞淺學陋識，并以閨門一章，去之，率啓玄宗無禮無度之禍，而其所製序文，至以禮爲外飾之所資，仁義之爲後來之漸有不知，所謂因心之孝者，果何所因，而又何自而萌乎？學之不講，德之不修，一至於此，桓桓文公，特起南夏，平生精力用工，易四書爲多，至此書，則僅成刊誤一編，註釋大義，猶有所未及．噫！人子不可斯須忘孝，則此經爲天子至庶人，一日不可無之書，章句已明而文義猶闕，顧非一大欠事乎？蓋嘗有志，彙集諸家傳註，以明一經，而未果，一日余友胡庭芳，挈其高弟董眞卿，訪余雲谷山中，手携孝經大義一書，取而閱之，則其家君深山先生董君季亨之所輯也．其書爲初學設故，其詞皆明白切實，熟玩之則義趣精深．又有非淺見謏聞，所能窺者．族兄明仲，敬爲刊之書塾，以廣其傳．此其惟學者修身齊家之要，而有國有天下者，亦豈能外是？而他有化民成俗之道哉！

噫！滕五十里國耳，其君一用之，至於四方草偃風動，一時行事，猶班班有三代之風，學問之功用，固如此．晉武魏文，亦天資之美者，惜諸臣無識，不能有以啓導而充大之，悠悠蓋壤，此經之廢，蓋千五百餘年．人心秉彛，極天罔墜，豈無有能講而行之者？誠有以二帝三王之心爲心，則必以二帝三王之教爲教矣．仁，人心也，學所以求仁而孝則行仁之本也．語曰如有王者，必世而後仁．愚幸身親見之？

歲在乙巳陽復之月，前進士武弗態禾序，時大德之九年(1305)也．

6. 〈孝經集註識語〉 …………………… 明, 徐貫

右孝經一書, 迺孔子曾子授受之要旨也. 經秦火後, 頗多錯簡, 至宋大儒朱文公先生, 始取古文, 爲之考訂, 刊其謬誤, 次其簡編而後, 經傳各有統紀. 董季亨氏又從而註釋之, 而其旨益明. 讀者誠能因其言, 而求諸心, 因心之同然而推之家國天下, 則天下之道盡在是矣. 惜乎! 是書板行者少, 而窮鄉下邑之士, 不得盡覩也. 予近按泉, 偶於進士蔡介甫家得是書舊本, 遂命工鋟梓以傳, 將使曲方得以家傳人誦, 各興其親愛之心, 而篤夫仁孝之道, 庶或少補於風敎之萬一云爾.

成化二十二年(1486)歲次丙午秋九月甲子, 賜進士通奉大夫福建等處承宣布政使司右布政司淳安徐貫謹識. 甲戌舖養廳重刊.

7. 〈新刻古文孝經序〉 …………………… 淸, 盧文弨

表彰遺書, 莫先於經. 近代之僞撰者, 若張商英古三墳書·吾衍晉文春秋·楚檮杌·豐坊子夏詩傳·申公詩說之類, 其言擧無可采, 而好事者爲傳之, 此則過也.

然如張霸之百兩篇, 時君旣知其僞撰矣, 而愛其文辭, 亦使之流傳於世. 連山·歸藏, 古無著錄, 而隋唐志始有之. 今見於諸書所引用者, 其文類斑駁可喜. 子夏易傳, 見於陸德明·孔穎達·李鼎祚所引者, 於訓名物爲詳. 相傳以張弧僞作, 弧唐人也. 陸孔諸人, 寧有不知而冒輕常承用乎? 此必有所由來. 然如今通志堂之所收者, 則又幷非張弧之舊矣. 使此數書而在, 亦焉得不爲傳之?

孝經有古今文. 鄭康成註者, 今文也; 孔安國傳者, 古文也. 五代之際, 二家竝亡. 宋雍熙中, 嘗得今文鄭氏註於日本矣. 今文不傳. 新安鮑君(鮑廷博)以文, 篤學好古, 意彼國之尙有是書也. 屬以市易往者訪求之. 顧鄭氏不可得, 而所得者乃古文孔氏傳, 遂攜以入中國. 此書亡逸, 殆及千年, 而一旦復得之. 此豈非天下學士, 所同聲稱快者哉!

鮑君不以自私, 亟付剞劂, 而以其本示余. 余按傳文以求之. 如云閒居, 靜而思道也, 則陸德明所引之矣. 脫衣就功·暴其肌體云云, 則司馬貞引之矣. 上帝亦天也, 則王仲邱引之矣. 其文義典核, 又與釋文·會要·唐書所載一符會,

必非近人所能撰造. 然安國之本, 亡於梁, 而復顯於隋. 當時有疑爲劉光伯所作者, 卽鄭註人亦疑其不出於康成. 雖然古書之留于今日者有幾, 卽以爲光伯所補綴, 是亦何可廢也? 蓋其文辭微與西京不類, 與安國尚書傳體裁亦別, 又不爲漢惠帝諱盈字, 唯此爲可疑耳.

漢桓譚·唐李士訓, 皆稱古文孝經千八百七十二言, 今止一千八百六十一言, 此則日本所傳授, 前有太宰純序所謂: 「不以宋本改其國之本是也.」 唯是章首傳云, 孔子者男子之道稱也, 仲尼之兄伯尼十五字, 斷屬訛誤. 因下有曾子者男子之通稱語, 而誤曾爲孔, 當爲衍文. 仲尼之兄, 自字孟皮, 安得與仲尼同字? 且於本文, 亦無所當. 此當爲後人羼入無疑. 余所以致辨者, 恐人因開卷一二齟齬, 遂幷可信者亦疑之, 則大非鮑君兢兢扶微振墜之本意矣. 故備擧其者證於前, 以明可信.

且尚書傳, 朱子亦以爲不出於安國, 安在此書之與規規相似也? 然其誤入者, 則自在讀者之善擇矣. 德水盧氏, 嘗刻尚書大傳, 周易乾鑿度等書, 流布未廣, 其家被籍之後, 板之在否, 不可知. 此皆漢氏遺文. 好古者, 所當愛惜, 若能與此書竝壽諸梓, 以爲衆書冠冕, 譬之夏彝商鼎, 必非柴哥官汝之所得而齊量矣.

前朝所刻書多取僞者, 今皆取其眞者, 不益以見國家文敎之美, 朝野相成, 爲足以度越千古也哉!

乾隆四十有一年(1776)秋七月東里盧文弨序於鍾山書院.

8. 《漢書》 藝文志 孝經類小序 .... 東漢, 班固

《孝經》者, 孔子爲曾子陳孝道也. 夫孝, 天之經, 地之義, 民之行也. 擧大者言, 故曰《孝經》. 漢興, 長孫氏·博士江翁·少府后倉·諫大夫翼奉·安昌侯張禹傳之, 各自名家. 經文皆同, 唯公氏壁中古文爲異. 「父母生之, 續莫大焉」, 「故親生之膝下」, 諸家說不安處, 古文字讀皆異.

9. 敦煌本孝經序 ······················ 東漢, 鄭玄(?)

《孝經》者, 魯國先師姓孔, 名丘, 字仲尼. 其父叔梁紇, 後妻顏氏之女, 久而無子, 故其(祈)於尼丘山, 而生孔子. 其首反, 用像尼丘山, 故名丘, 字仲尼. 有聖德, 應聘諸國, 莫能見用. 當春秋之末, 文武道墜, 逆亂玆甚, 簒殺由生. 皇靈哀末代之黔黎, 愍倉生之莫救, 故命孔子, 使述六藝, 以待命主. 有飛鳥遺文書於魯門, 云:「秦滅法, 孔經存.」孔子旣睹此書, 懸車止聘. 魯哀公十一年自衛歸魯, 修《春秋》, 述《易》道, 乃刊《詩》·《書》, 定禮樂, 敎於洙·泗之間, 弟子四方之者三千餘人, 受業身通達者七十二人. 惟有弟子曾參有至孝之性, 故因閑居之中, 爲說孝之大理. 弟子錄之, 名曰《孝經》.

夫孝者, 蓋三才之經緯, 五行之綱紀. 若無孝, 則三才不成, 五行僭序. 是以在天則曰至德, 在地則曰愍德, 施之於人則曰孝德. 故下文言, 夫孝者, 天之經, 地之義, 人之行, 三德同體而異名, 蓋孝之殊途. 經者, 不易之稱, 故曰《孝經》.

僕避於南城之山, 棲遲巖石之下, 念昔先人, 餘暇述夫子之志, 而注《孝經》.

10.《隋書》經籍志 孝經類小序 ······················ 唐, 魏徵

夫孝者, 天之經, 地之義, 人之行. 自天下達於庶人, 雖尊卑有差, 及乎行孝, 其義一也. 先王因之以治國家, 化天下, 故能不嚴而順, 不肅而成. 斯實生靈之至德, 王者之要道. 孔子旣敘六經, 題目不同, 指意差別, 恐斯道離散, 故作《孝經》, 以總會之, 明其枝流雖分, 本萌於孝者也. 遭秦焚書, 爲河間人顏芝所藏. 漢初, 芝子貞出之, 凡十八章, 而長孫氏·博士江翁·少府后蒼·諫議大夫翼奉·安昌侯張禹, 皆名其學. 又有《古文孝經》, 與《古文尙書》同出, 而長孫有《閨門》一章, 其餘經文, 大較相似, 篇簡缺解, 又有衍出三章, 幷前合爲二十二章, 公安國爲之傳. 至劉向典校經籍, 以顏本比古文, 除其繁惑, 以十八章爲定. 鄭衆·馬融幷爲之注. 又有鄭氏注, 相傳或云鄭玄, 其立義與玄所注餘書不同. 梁代, 安國及鄭氏二家幷立國學, 而安國之本亡於梁亂. 陳及周·齊, 惟傳鄭氏. 至隋, 秘書監王劭於京師訪得孔傳, 送至河間劉炫. 炫因序其得喪, 述其義疏, 講於人間, 漸聞朝廷, 後遂著令與鄭氏幷立. 儒者喧喧, 皆云炫自作之, 非孔舊本, 而秘府又先無其書. 又云魏氏遷洛, 未達華語, 孝文

帝命侯伏侯可悉陵，以夷言譯《孝經》之旨，教於國人，謂之《國語孝經》．今取以附此篇之末．

11.〈重刻古文孝經序〉 …………………… 日本，太帝純

先王之道，莫大於孝；仲尼之教，莫先於孝．自六經而下，無非孔氏遺書，其有出孝經之右者乎？何以言之？天下無有無父母之人故也．

孝經有二本：其一，河間王所得十八章者，謂之今文．其一，魯共王壞孔壁所得竹牒科斗文二十二章者，孔安國所爲作傳，爲之古文．安國曰：「今文十八章，文字多誤，又曰河間王所上，雖多誤，然以先出之故，諸國往往有之．漢先帝發詔稱其辭者，皆言傳曰．其實今文孝經也．」由是觀之，今文孝經之行也，已久矣．古文者，雖安國謂之訓傳，蓋當時未之行也．追乎漢季，馬季長擬作忠經十八章，倣今文孝經也．鄭康成註孝經，亦今文者也．自是厥後，今文孝經之行稱盛，而古文亦與之俱行．

至唐明皇親註孝經，雖兼取孔鄭二家之說，然其經則用今文，取其厥，閨門章也．於是古文孝經遂廢不行．

至宋邢昺依明皇御註作正義．然後孝經唯御註本行于世，鄭註遂亡．古文孝經亦亡其傳文而僅存其經文．宋人尊信孝經者，莫若司馬溫公．然特得古文本經而讀之耳，不覩孔傳也．自二程至朱熹氏，皆疑孝經以爲後人所擬作．朱子又妄改易本經篇章，著爲經一章，傳十四章，且刪去其本文二百餘字．孔子曰信而好古，若朱子者可謂拂矣．自是以來，學朱氏者，擧不信孝經，塾師不以爲教，至令童子輩，目弗見孝經．悲夫先王之道，莫大於孝，仲尼之教，莫先於孝，夫子不曰乎？「吾志在春秋，行在孝經．」是以後世人主，不讀書則已，苟讀書者，必自孝經始，況下焉者乎？今朱氏之徒，不讀孝經而學心法，其不爲浮屠之歸者幾希？

夫古書之亡于中夏而存于我日本者頗多．宋歐陽子嘗作詩，稱逸書百篇今常存．僧奝然適宋，獻鄭註孝經一本於太宗，司馬君實等得之大喜云．今去其世，七百餘年，古書之散逸者，亦不少，而孔傳古文孝經，全然尙存于我日本，豈不

異哉！予嘗試檢其書，古人所引公安國孝經傳者，及明皇御註之文，邢昺以爲依孔傳者畢有，特有一二字不同耳．得非傳寫之互訛乎？先儒多疑孔傳以爲後人僞造者，予獨以爲非．

經曰:「身體髮膚，受之父母，不敢毁傷，孝之始也.」諸家皆以爲孝子不得以凡人事及過失，毁傷其身體．孔傳乃以爲刑傷．蓋三代之刑有劓刖及宮，非傷身乎？刵，非傷體乎？髡，非傷髮乎？墨，非傷膚乎？以此觀之，孔傳尤有所當也．王仲任亦嘗誦是經文而曰:「孝者怕入刑辟，刻劃身體，毁傷髮膚，少德泊行，不戒愼之所致也.」合而觀之，可以見古訓焉．如從諸家說，忠君赴君難者，不避水火兵仞，節婦有斷髮截鼻者，彼皆爲不孝矣．是說不通也．余故曰:「孔傳者，安國所作，無疑也.」

或曰:「尙書之文，奇古難讀，安國傳之，其言甚簡; 孝經之文平易，安國傳之，乃不厭繁文何也?」曰:「傳尙書者，爲學士大夫也，故不盡其說，使讀者思而得之．傳孝經者凡人也．故丁寧其言，以告諭之．此其所以不同也.」

嗚呼！孝者百行之本，萬善之先，自天子至庶人，所不可以一日廢也．夫自朱氏之學行而孝經久廢於世．純常慨焉．幸孔壁古文孝經幷與安國之傳存于我日本者，寧不知珍而寶之哉？惟是經國人相傳之久，不知歷幾人書寫，是以文字訛謬，魚魯不辨．純旣以數本敎讐，且旁及他書所引，若釋氏所稱述苟有足徵者，莫不參考，十更裘葛，乃成定本．其經文與宋人所謂古文者，亦不全同，今不敢從彼改此，蓋相承之異，未必宋本之是而我本之非也．傳中間有不成語，雖疑其有誤，然諸本皆同，無所取正，故姑傳疑以俟君子．今文唐陸元朗嘗音之，古文則否，今因依陸氏音例，並音經傳，庶乎令讀者不誤其音矣．書成而欲刻之家塾，則淺田思孝出其槖裝以助費，遂趣命工從事，予未能爲吾家孝子，且爲孔氏忠臣云爾.

日本享保十六年(1731)辛亥十一月壬午，太宰純 謹序

12.《四庫全書總目提要》 孝經類序 ………… 淸, 紀昀

蔡邕《明堂論》引魏文侯《孝經傳》,《呂覽》審微篇亦引《孝經》諸侯章, 則其來古矣. 然授受無緖, 故陳騤·汪應辰皆疑其僞. 今觀其文, 去二戴所錄爲近, 要爲七十子徒之遺書. 使河間獻王採入一百三十一篇中, 則亦《禮記》之一篇, 與《儒行》·《緇衣》轉從其類. 惟其各出別行, 稱孔子所作, 傳錄者又分章標目, 自名一經. 後儒遂以不類《繫辭》·《論語》繩之, 亦有由矣. 中間孔·鄭兩本, 互相勝負, 始以開元御注用今文, 遵制者從鄭. 後以朱子《刊誤》用古文, 講學者又轉而從孔. 要其文句小異, 義理不殊, 當以黃震之言爲定論. 故今之所錄, 惟取其詞達理明, 有裨來學, 不復以今文·古文區分門戶, 徒釀水火之爭. 蓋注經者明道之事, 非分朋角勝之事也.

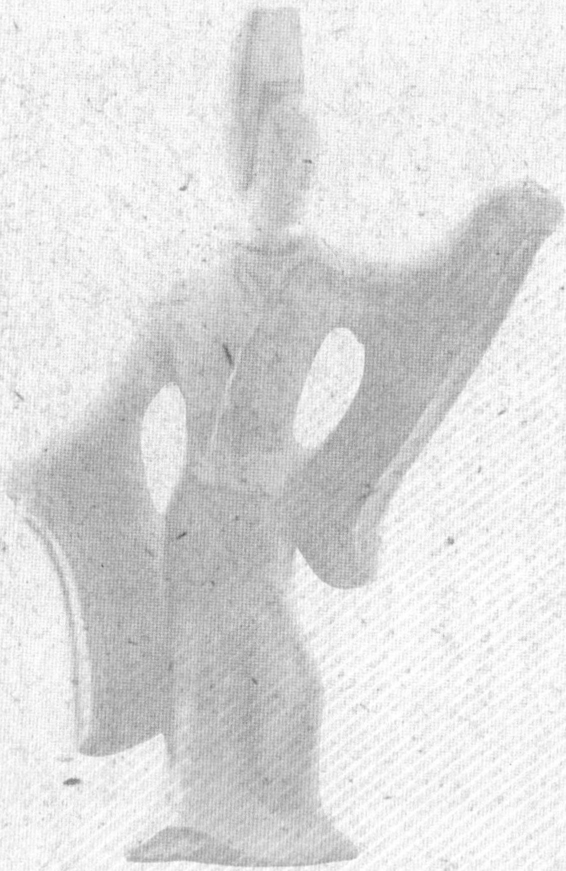

임동석(茁浦 林東錫)

慶北 榮州 上茁에서 출생. 忠北 丹陽 德尙골에서 성장. 丹陽初中 졸업. 京東高 서울教大 國際大 建國大 대학원 졸업. 雨田 辛鎬烈 선생에게 漢學 배움. 臺灣 國立臺灣師範大學 國文研究所(大學院) 博士班 졸업. 中華民國 國家文學博士(1983). 建國大學校 教授. 文科大學長 역임. 成均館大 延世大 高麗大 外國語大 서울대 등 大學院 강의. 韓國中國言語學會 中國語文學研究會 韓國中語中文學會 會長 역임. 저서에《朝鮮譯學考》(中文)《中國學術槪論》《中韓對比語文論》. 편역서에《수레를 밀기 위해 내린 사람들》《栗谷先生詩文選》. 역서에《漢語音韻學講義》《廣開土王碑研究》《東北民族源流》《龍鳳文化源流》《論語心得》〈漢語雙聲疊韻研究〉등 학술 논문 50여 편.

임동석중국사상100

효경 孝經

曾子 撰 / 林東錫 譯註

1판 1쇄 발행/2009년 12월 12일
2쇄 발행/2013년 9월 1일

발행인 고정일

발행처 동서문화사

창업 1956. 12. 12. 등록 16-3799

서울강남구신사동563-10 ☎546-0331~6 (FAX)545-0331

www.dongsuhbook.com

잘못 만들어진 책은 바꾸어 드립니다.

*

*

사업자등록번호 211-87-75330
ISBN 978-89-497-0553-8 04080
ISBN 978-89-497-0542-2 (세트)

Ⅲ. 四部叢刊本《孝經》

孝經一卷

四部叢刊經部

上海涵芬樓借建德周氏藏宋刊本景印元書版匡高營造尺七寸寬營造尺四寸五分

孝經序

唐玄宗皇帝御製

朕聞上古其風朴略雖因心之孝已萌而資敬之禮猶簡及乎仁義旣有親譽益著聖人知孝之可以教人也故因嚴以教敬因親以教愛於是以順移忠之道昭矣立身揚名之義彰矣子曰吾志在春秋行在孝經(○行下孟反下同)是知孝者德之本歟經曰昔者明王之以

孝理天下也不敢遺小國之臣而況於公侯伯子男乎朕嘗三復斯言(○三息暫反)景行先哲雖無德教加於百姓庶幾廣愛刑于四海嗟乎夫子沒而微言絕異端起而大義乖況泯絕於秦(○泯彌忍反)得之者皆煨燼之末(○煨烏恢反燼徐忍反)濫觴於漢(○濫盧闞反)傳之者皆糟粕之餘(○粕匹角反)故魯史春秋學開五傳國風雅頌分爲四詩去聖逾遠源流益別近觀孝經舊註

踳駮尤甚〇踳尺尹反駮北角反 至於跡相祖述殆且
百家〇殆音待 業擅專門猶將十室希升堂者必
自開戶牖攀逸駕者必騁殊軌轍〇騁丑郢反 是
以道隱小成言隱浮僞且傳以通經爲義〇傳
直戀反 義以必當爲主至當歸一精義無二安
得不翦其繁蕪〇當去聲下同 而撮其樞要也韋昭
王肅先儒之領袖虞翻劉邵抑又次焉劉炫
明安國之本〇炫音縣 陸澄譏康成之註在理或

當何必求人今故特舉六家之異同會五經
之旨趣〇趣七聚反 約文敷暢義則昭然分註錯
經理亦條貫寫之琬琰〇琬音宛琰以冉反 庶有補於
將來且夫子談經志取垂訓雖五孝之用則
別而百行之源不殊是以一章之中凡有數
句一句之內意有兼明具載則文繁略之又
義闕今存于疏用廣發揮

孝經一卷

開宗明義章第一

仲尼居仲尼孔子字居謂閒居 曾子侍曾子孔子弟子侍謂侍坐 子
曰先王有至德要道以順天下民用和睦上
下無怨孝者德之至道之要也言先代聖德之主能順天下人心行此至要之化
則上下臣人和睦無怨 女知之乎曾子避席曰參不敏
何足以知之參曾子名也禮師有問避席起荅敏達也言參不達何足知此
至要之義〇女音汝下同 子曰夫孝德之本也人之行莫大於孝故

爲德本〇夫音符後竝同 教之所由生也言教從孝而生 復坐吾
語女曾參起對故使復坐〇語去聲 身體髮膚受之父母不
敢毀傷孝之始也父母全而生之己當全而歸之故不敢毀傷 立
身行道揚名於後世以顯父母孝之終也言能
立身行此孝道自然名揚後世光榮其親故行孝以不毀爲先揚名爲後 夫孝始
於事親中於事君終於立身言行孝以事親爲始事君爲中
忠孝道著乃能揚名榮親故曰終於立身也 大雅云無念爾祖聿
脩厥德詩大雅也無念念也聿述也厥其也義取恒念先祖述脩其德

四部叢刊 孝經

天子章第二

子曰愛親者不敢惡於人博愛也○惡烏路反敬親者不敢慢於人廣敬也愛敬盡於事親而德教加於百姓刑于四海刑法也君行博愛廣敬之道使人皆不慢惡其親則之德教加被天下當爲四夷之所法則也○盡津忍反蓋天子之孝也蓋猶略也孝道廣大此略言之甫刑云一人有慶兆民賴之甫刑即尚書呂刑也一人天子也慶善也十億曰兆義取天子行孝兆人皆賴其善

諸侯章第三

在上不驕高而不危諸侯列國之君貴在人上可謂高矣而能不驕則免危也制節謹度滿而不溢費用約儉謂之制節慎行禮法謂之謹度無禮爲驕奢泰爲溢○溢音逸高而不危所以長守貴也滿而不溢所以長守富也富貴不離其身然後能保其社稷而和其民人列國皆有社稷其君主而祭之言富貴常在其身則長爲社稷之主而人自和平也○離力智反蓋諸侯之孝也詩云戰戰兢兢如臨深淵如履薄冰戰戰恐懼兢兢戒慎臨深恐墜履薄恐陷義取爲君恒須戒慎○兢居陵反

卿大夫章第四

非先王之法服不敢服服者身之表也先王制五服各有等差言卿大夫遵守禮法不敢僭上偪下非先王之法言不敢道非先王之德行不敢行法言謂禮法之言德行謂道德之行若言非法行非德則虧孝道故不敢也○德行下孟反註之行下擇行行滿同是故非法不言非道不行言必守法行必遵道口無擇言身無擇行言行皆遵法道所以無可擇也言滿天下無口過行滿天下無怨惡禮法之言焉有口過道德之行自無怨惡○惡去聲三者備矣然後能守其宗廟三者服言行也禮卿大夫立三廟以奉先祖言能備此三者則能長守宗廟之祀蓋卿大夫之孝也詩云夙夜匪懈以事一人夙早也懈惰也義取爲卿大夫能早夜不惰敬事其君也○懈佳賣反

士章第五

資於事父以事母而愛同資於事父以事君而敬同資取也言愛父與母同敬父與君同故母取其愛而君取其敬兼之者父也言事父兼愛與敬也故以孝事君

則忠（移事父孝以事於君則爲忠矣）以敬事長則順（移事兄敬以事於長則爲順矣）忠順不失以事其上然後能保其祿位而守其祭祀（能盡忠順以事君長則常安祿位永守祭祀）蓋士之孝也詩云夙興夜寐無忝爾所生（忝辱也所生謂父母也義取早起夜寐無辱其親也○忝吐簟反）

庶人章第六

用天之道（春生夏長秋斂冬藏舉事順時此用天道也）分地之利（分別五土視其高下各盡所宜此分地利也）謹身節用以養父母（身恭謹則遠恥辱用節省則免飢寒公賦既足則私養不闕○養羊尚反）此庶人之孝也（庶人爲孝唯此而已）故自天子至於庶人孝無終始而患不及者未之有也（始自天子終於庶人尊卑雖殊孝道同致而患不能及者未之有也言無此理故曰未有）

三才章第七

曾子曰甚哉孝之大也（參聞行孝無限高卑始知孝之爲大也）子曰夫孝天之經也地之義也民之行也（經常也利物爲義孝爲百行之首人之恒德若三辰運天而有常五土分地而爲義也○行下孟反下同）天地之經而民是則之（天有常明地有常利言人法則天地亦以孝爲常行也）則天之明因地之利以順天下是以其教不肅而成其政不嚴而治（法天明以爲常因地利以行義順此以施政教則不待嚴肅而成理也）先王見教之可以化民也（見因天地教化人之易也）是故先之以博愛而民莫遺其親（君愛其親則人化之無有遺其親者）陳之以德義而民興行（陳說德義之美爲衆所慕則人起心而行之）先之以敬讓而民不爭（君行敬讓則人化而不爭）導之以禮樂而民和睦（禮以檢其跡樂以正其心則和睦矣）示之以好惡而民知禁（示好以引之示惡以止之則人知有禁令不敢犯也○好如字又呼報反惡如字又烏路反）詩云赫赫師尹民具爾瞻（赫赫明盛貌也尹氏爲太師周之三公也義取大臣助君行化人皆瞻之也）

孝治章第八

子曰昔者明王之以孝治天下也（言先代聖明之王以至德要道化人是爲孝理）不敢遺小國之臣而況於公侯伯子男乎（小國之臣至卑者耳王尚接之以禮況於五等諸侯是廣敬也）故

四部叢刊 孝經

得萬國之懽心以事其先王（萬國舉其大數也言行孝道以理天下皆得懽心則各以其職來助祭也）治國者不敢侮於鰥寡而況於士民乎（理國謂諸侯也鰥寡國之微者君尚不敢輕侮況知禮義之士乎○侮亡甫反鰥古頑反）故得百姓之懽心以事其先君（諸侯能行孝理得所統之懽心則皆恭事助其祭享也）治家者不敢失於臣妾而況於妻子乎（理家謂卿大夫臣妾家之賤者妻子家之貴者）故得人之懽心以事其親（卿大夫位以材進受祿養親若能孝理其家則得小大之懽心助其奉養）夫然故生則親安之

祭則鬼享之（夫然者然上孝理皆得懽心則存安其榮沒享其祭）是以天下和平災害不生禍亂不作（上敬下懽存安沒享人用和睦以致太平則災害禍亂無因而起）故明王之以孝治天下也如此（言明王以孝為理則諸侯以下化而行之故致如此福應）詩云有覺德行四國順之（覺大也義取天子有大德行則四方之國順而行之○行下孟反下之行同）

聖治章第九

曾子曰敢問聖人之德無以加於孝乎（曾子問明王孝理以致和平又問聖人德教更有大於孝否）子曰天地之性人爲貴（貴其異於萬物也）人之行莫大於孝（孝者德之本也）孝莫大於嚴父（萬物資始於乾人倫資父為天故孝行之大莫過尊嚴其父也）嚴父莫大於配天則周公其人也（謂父為天雖無貴賤然以父配天之禮始自周公故曰其人也）昔者周公郊祀后稷以配天（后稷周之始祖也郊謂圜丘祀天也周公攝政因行郊天之祭乃尊始祖以配之也）宗祀文王於明堂以配上帝（明堂天子布政之宮也周公因祀五方上帝於明堂乃尊文王以配之也）是以四海之內各以

其職來祭（君行嚴配之禮則德教刑於四海海內諸侯各脩其職來助祭也）夫聖人之德又何以加於孝乎（言無大於孝者）故親生之膝下以養父母日嚴（親猶愛也膝下謂孩幼之時也言親愛之心生於孩幼比及年長漸識義方則日加尊嚴能致敬於父母也○養羊尚反）聖人因嚴以教敬因親以教愛（聖人因其親嚴之心敦以愛敬之教故出以就傅趨而過庭以教敬也抑搔癢痛縣衾篋枕以教愛也）聖人之教不肅而成其政不嚴而治（聖人順民心以行愛敬制禮則以施政教亦不待嚴肅而成理也）其所因者本也（本謂孝也）父子

之道天性也君臣之義也父子之道天性之常加以尊嚴又有君臣之義父母生之續莫大焉父母生子傳體相續人倫之道莫大於斯君親臨之厚莫重焉謂父爲君以臨於己恩義之厚莫重於斯故不愛其親而愛他人者謂之悖德不敬其親而敬他人者謂之悖禮言盡愛敬之道然後施教於人違此則於德禮爲悖也○悖蒲對反以順則逆民無則焉行教以順人心今自逆之則下無所法則也不在於善而皆在於凶德善謂身行愛敬也凶謂悖其德禮也雖得之君子不貴也言悖其德禮雖得志於人上君子之所不貴也君子則不然不悖德禮也言思可道行思可樂思可道而後言人必信也思可樂而後行人必悅也○行下孟反樂音洛德義可尊作事可法立德行義不違道正故可尊也制作事業動得物宜故可法也容止可觀進退可度容止威儀必合規矩則可觀也進退動靜不越禮法則可度也以臨其民是以其民畏而愛之則而象之君行六事臨於其人則下畏其威愛其德皆放象於君也故能成其德教而行其政令上正身以率下下順以上而法之則德教成政令行也詩云淑人君子其儀不忒淑善也忒差也義取君子威儀不差爲人法則○淑常六反忒他得反

紀孝行章第十

○行下孟反

子曰孝子之事親也居則致其敬平居必盡其敬養則致其樂就養能致其懽○養羊尚反下同樂音洛病則致其憂色不滿容行不正履○疾甚曰病喪則致其哀擗踊哭泣盡其哀情祭則致其嚴齋戒沐浴明發不寐五者備矣然後能事親五者闕一則未爲能事親者居上不驕當莊敬以臨下也爲下不亂當恭謹以奉上也在醜不爭醜衆也爭競也當和順以從衆也居上而驕則亡爲下而亂則刑在醜而爭則兵謂以兵刃相加三者不除雖日用三牲之養猶爲不孝也三牲太牢也孝以不毀爲先言上三事皆可亡身而不除之雖日致太牢之養固非孝也

四部叢刊 孝經

五刑章第十一

子曰五刑之屬三千而罪莫大於不孝五刑謂墨劓剕宮大辟也條有三千而罪之大者莫過不孝要君者無上君者臣之稟命也而敢要之是無上也○要於驕反非聖人者無法聖人制作禮法

（而敢非之是無法也）非孝者無親（善事父母爲孝而敢非之是無親也）此大亂之道也（言人有上三惡豈惟不孝乃是大亂之道）

廣要道章第十二

子曰教民親愛莫善於孝教民禮順莫善於悌（言教人親愛禮順無加於孝悌也）移風易俗莫善於樂（風俗移易先入樂聲變隨人心正由君德正之與變因樂而彰故曰莫善於樂）安上治民莫善於禮（禮所以正君臣父子之別明男女長幼之序故可以安上化下也）禮者敬而已矣（敬者禮之本也）故敬其父則子悅

敬其兄則弟悅敬其君則臣悅敬一人而千萬人悅（居上敬下盡得懽心故曰悅也）所敬者寡而悅者衆此之謂要道也

廣至德章第十三

子曰君子之教以孝也非家至而日見之也（言教不必家到戶至日見而語之但行孝於內其化自流於外）教以孝所以敬天下之爲人父者也教以悌所以敬天下之爲人兄者也（舉孝悌以爲教則天下之爲人子弟者無不敬其父兄也）教以臣所以敬天下之爲人君者也（舉臣道以爲教則天下之爲人臣者無不敬其君也）詩云愷悌君子民之父母（愷樂也悌易也義取君以樂易之道化人則爲天下蒼生之父母也○愷苦亥反悌徒禮反）非至德其孰能順民如此其大者乎

廣揚名章第十四

子曰君子之事親孝故忠可移於君（以孝事君則忠）事兄悌故順可移於長（以敬事長則順○長丁丈反）居家理故治可移於官（君子所居則化故可移於官也）是以行成

於內而名立於後世矣（脩上三德於內名自傳於後代○行下孟反）

諫爭章第十五（○爭去聲篇內竝同）

曾子曰若夫慈愛恭敬安親揚名則聞命矣敢問子從父之令可謂孝乎（事父有隱無犯又敬不違故疑而問之也）子曰是何言與是何言與（有非而從成父不義理所不可故再言之○與平聲）昔者天子有爭臣七人雖無道不失其天下諸侯有爭臣五人雖無道不失

其國大夫有爭臣三人雖無道不失其家降殺以兩尊卑之差爭謂諫也言雖無道爲有爭臣則終不至失天下亡家國也士有爭友則身不離於令名令善也益者三友言受忠告故不失其善名○離力智反父有爭子則身不陷於不義父失則諫故免陷於不義故當不義則子不可以不爭於父臣不可以不爭於君不爭則非忠孝故當不義則爭之從父之令又焉得爲孝乎○焉於虔反

應感章第十六

子曰昔者明王事父孝故事天明事母孝故事地察王者父事天母事地言能敬事宗廟則事天地能明察也長幼順故上下治君能尊諸父先諸兄則長幼之道順君人之化理天地明察神明彰矣事天地能明察則神感至誠而降福祐故曰彰也故雖天子必有尊也言有父也必有先也言有兄也父謂諸父兄謂諸兄皆祖考之胤也禮君讌族人與父兄齒也宗廟致敬不忘親也言能敬事宗廟則不敢忘其親也脩身愼行恐辱先也天子雖無上於天下猶脩持其身謹愼其行恐辱先祖而毀盛業也宗廟致敬鬼神著矣事宗廟能盡敬則祖考來格享於克誠故曰著也孝悌之至通於神明光于四海無所不通能敬宗廟順長幼以極孝悌之心則至性通於神明光於四海故曰無所不通詩云自西自東自南自北無思不服義取德教流行莫不服義從化也

事君章第十七

子曰君子之事上也上謂君也進思盡忠進見於君則思盡忠節退思補過君有過失則思補益將順其美將行也君有美善則順而行之匡救其惡匡正也救止也君有過惡則正而止之故上

下能相親也下以忠事上上以義接下君臣同德故能相親詩云心乎愛矣遐不謂矣中心藏之何日忘之遐遠也義取臣心愛君雖離左右不謂爲遠愛君之志常藏心中無日暫忘也

喪親章第十八

子曰孝子之喪親也生事已畢死事未見故發此章○喪如字又丁浪反哭不偯氣竭而息聲不委曲○偯於豈反禮無容觸地無容言不文不爲文飾服美不安不安美飾故服衰麻聞樂不樂悲哀在心故不樂也○不樂音洛食旨不甘旨美也不甘美味故疏食水飲此

哀慼之情也謂上六句三日而食教民無以死傷
生毀不滅性此聖人之政也不食三日哀毀過情滅性而死
皆虧孝道故聖人制禮施教不令至於殞滅喪不過三年示民有
終也三年之喪天下達禮使不肖企及賢者俯從夫孝子有終身之憂聖人以三年
爲制者使人知有終竟之限也爲之棺槨衣衾而擧之周尸爲棺
周棺爲槨衣謂斂衣衾被也擧謂擧尸內於棺也〇槨音郭陳其簠簋而
哀戚之簠簋祭器也陳奠素器而不見親故哀戚也〇簠音甫簋音軌擗踊
哭泣哀以送之男踊女擗祖載送之〇擗婢亦反踊音勇卜其宅

兆而安措之宅墓穴也兆營域也葬事大故卜之〇兆卦也廣雅云葬地
爲之宗廟以鬼享之立廟祔祖之後則以鬼禮享之春秋祭
祀以時思之寒暑變移益用增感以時祭祀展其孝思也生事愛
敬死事哀戚生民之本盡矣死生之義備矣
孝子之事親終矣愛敬哀戚孝行之始終也備陳死生之義以盡孝子
之情

孝經一卷

Ⅳ. 十三經注疏本《孝經》

重栞宋本孝經
注疏附挍勘記

嘉慶二十年江西南昌府學開雕

太子少保江西巡撫兼提督揚州阮元審定 武寧縣貢生盧宣旬校

新建戴效先
程亦珍談巨川刻字

臨川李顯才刷印

十三經注疏目錄(十一)

十一　孝經注疏

欽定四庫全書總目　孝經正義三卷

唐元宗明皇帝御注宋邢昺疏案唐會要開
元十年六月上注孝經頒天下及國子學天
寶二年五月上重注亦頒天下舊唐書經籍
志孝經一卷元宗注唐書藝文志今上孝經
制旨一卷注曰元宗其稱制旨者猶梁武帝
中庸義之稱制旨實一書也趙明誠金石錄
載明皇注孝經四卷陳振孫書錄解題亦稱
家有此刻爲四大軸蓋天寶四載九月以御
注刻石於太學謂之石臺孝經今尚在西安

府學中爲碑凡四故拓本稱四卷耳元宗御
製序末稱一章之中凡有數句一句之內義
有兼明具載則文繁略之則義闕今存於疏
用廣發揮唐書元行沖傳稱元宗自注孝經
詔行沖爲疏立於學官唐會要又載天寶五
載詔孝經書疏雖麤發明未能該備今更敷
暢以廣闕文令集賢院寫頒中外是注凡再
修疏亦再修其疏唐志作二卷宋志則作三
卷殆續增一卷歟宋咸平中邢昺所修之疏
卽據行沖書爲藍本然孰爲舊文孰爲新說

今已不可辨別矣孝經有今文古文二本今
文稱鄭元注其說傳自荀昶而鄭志不載其
名古文稱孔安國注其書出自劉炫而隋書
已言其僞至唐開元七年三月詔令羣儒質
定右庶子劉知幾主古文立十二驗以駁鄭
國子祭酒司馬貞主今文摘閨門章文句凡
鄙庶人章割裂舊文妄加子曰字及注中脫
衣就功諸語以駁孔其文具載唐會要中厥
後今文行而古文廢元熊禾作董鼎孝經大
義序遂謂貞去閨門一章卒啟元宗無禮無

度之禍明孫本作孝經辨疑併謂唐宮闈不
肅貞削閨門一章乃爲國諱夫削閨門一章
遂啟幸蜀之衅使當時行用古文果無天寶
之亂乎唐宮闈不肅誠有之至於閨門章二
十四字則絕與武韋不相涉指爲避諱不知
所避何諱也況知幾與貞兩議並上會要載
當時之詔乃鄭依舊行用孔注傳習者稀亦
存繼絕之典是未因知幾而廢鄭亦未因貞
而廢孔迨時閱三年乃有御注太學刻石署
名者三十六人貞不預列御注既行孔鄭兩

家遂併廢亦未聞貞更建議廢孔也禾等徒
以朱子刊誤偶用古文遂以不用古文爲大
罪又不能知唐時典故徒聞中興書目有議
者排毀古文遂廢之語遂沿其誤說憤憤然
歸罪於貞不知以注而論則孔佚鄭亦佚孔
佚罪貞鄭佚又罪誰乎以經而論則鄭存孔
亦存古文並未因貞一議亡也貞又何罪焉
今詳考源流明今文之立自元宗此注始元
宗此注之立自宋詔邢昺等修此疏始衆說
喧呶皆揣摩影響之談置之不論不議可矣

孝經注疏序

孝經者百行之宗五教之要自昔孔子述作垂範將來奥旨微言已備解乎注疏尚以辭高旨遠後學難盡討論今特翦截元疏旁引諸書分義錯經會合歸趣一依講說次第解釋號之爲講義也

翰林侍講學士朝請大夫守國子祭酒上柱國賜紫金魚袋臣邢昺等奉 勅校定注疏

成都府學主鄉貢傅注奉右撰

夫孝經者孔子之所述作也述作之旨者昔聖人藴大聖德生不偶時適值周室衰微王綱失墜君臣僭亂禮樂崩頽居上位者賞罰不行居下位者褒貶無作孔子遂乃定禮樂刪詩書讚易道以明道德仁義之源修春秋以正君臣父子之法又慮雖知其法未知其行遂說孝經一十八章以明君臣父子之行所寄知其法者修其行知其行者謹其法故孝經緯曰孔子云欲觀我褒貶諸侯之志在春秋崇人倫之行在孝經是知孝經雖居六籍之外乃與春秋爲表矣先儒或云夫子爲曾參所說此未盡其指歸也蓋曾子在七十弟子中孝行最著孔子乃假立曾子爲請益問荅之人以廣明孝道旣說之後乃屬與曾子洎遭暴秦焚書並爲煨燼漢膺天命復闡微言孝經河間顔芝所藏因始傳之于世自西漢及魏歷晉宋齊梁注解之者迨及百家至有唐之初雖備存祕府而簡編多有殘缺傳行者唯孔安國鄭康成兩家之注并有梁博士皇侃義疏播於國序然辭多紕繆理昧精研至唐玄宗朝乃詔羣儒學官俾共集議是以劉子玄辨鄭注有十謬七惑司馬堅斥孔注多鄙俚不經其餘諸家注解皆榮華其言妄生穿鑿明皇遂於先儒注中採摭菁英芟去煩亂撮其義理允當者用爲注解至天寶二年注成頒行天下仍自八分

御扎勒于石碑即今京兆石臺孝經是也

孝經正義

翰林侍講學士朝請大夫守國子祭酒上柱國賜紫
金魚袋臣邢昺等奉　勅校定

御製序并注（疏）

正義曰孝經者孔子爲曾參陳孝道也漢初長孫氏博士江翁少府后倉諫大夫翼奉安昌侯張禹傳之各自名家經文皆同唯孔氏壁中古文爲異至劉炫遂以古孝經庶人章分爲二曾子敢問章分爲三又多閨門一章凡二十二章桓譚新論云古孝經千八百七十二字今異者四百餘字孝者事親之名經者常行之典按漢書藝文志云夫孝天之經地之義民之行也舉大者言故曰孝經又按禮記祭統云孝者畜也畜養也釋名云孝好也周書謚法至順曰孝揔而言之道常在心盡其色養中情悅好承順無怠之義也爾雅曰善父母爲孝皇侃曰經者常也法也此經爲教任重道遠雖復時移代革金石可消而爲孝事親常行存世不滅是其常也爲百代規模人生所資是其法也言孝之爲教使可常而法之易有上經下經老子有道經德經孝爲百行之本故名曰孝經經之創制

孔子所撰也前賢以爲曾參唯有至孝之性未達孝德之本偶於閒居因得侍坐參起問於夫子夫子隨而荅參是以集錄因名爲孝經尋繹再三將未爲得也何者夫子刊緝前史而修春秋猶云筆則筆削則削四科十哲莫敢措辭按鉤命決云孔子曰吾志在春秋行在孝經斯則修春秋撰孝經孔子之志行也何爲重其志而自筆削輕其行而假他人者乎按劉炫述義其略曰炫謂孔子自作孝經本非曾參請業而對也士有百行以孝爲本本立而後道行道行而後業就故曰明王之以孝治天下也然則治世之要孰能非乎徒以教化之道因時立稱經典之目隨事表名至使威儀禮節之餘盛傳當代孝悌德行之本隱而不彰夫子運偶陵遲禮樂崩壞名教將絶特感聖心因弟子有請問之道師儒有教誨之義故假曾子之言以爲對揚之體乃非曾子實有問也若疑而始問荅以申辭則曾子應每章一問仲尼應每問一荅按經夫子先自言之非參請也諸章以次演之非待也且辭義血脉文連旨環而開宗題其端緒餘章廣而成之非　問一荅之勢也理有所極方始發問又非請業請荅之事首章言先王有至德要道則下章云此之謂要道也非至德其孰能順民皆遥結道本荅曾子也舉此爲例凡有數科必其主爲曾子言首章荅曾子已了何由不待曾子問更自述而脩之

且三起曾參侍坐與之別二者是問也一者歎之也故假言乘間曾子坐也與之論孝開宗明義上陳天子下陳庶人語盡無更端於曾子未有請故假參歎孝之大又說以孝爲理之功說之以終欲言其聖道莫大於孝又假參問乃說聖人之德不加於孝在前論敬順之道未有規諫之事慇懃在悅色不可頓說犯顏故須更借曾子言陳諫諍之義此皆孔子須參問非參須問孔子也莊周之斥鷃笑鵬罔兩問影屈原之漁父鼓枻大卜拂龜馬卿之烏有無是揚雄之翰林子墨寧非師祖製作以爲楷模者乎若依鄭注實居講堂則廣延生徒侍坐非一夫子豈凌人侮衆獨與參言邪且云汝知之乎何必直汝曾子而參先避席乎必其偏告諸生又有對者當參不讓儕輩而獨荅乎假使獨與參言言畢參自集録豈宜稱師字者乎由斯言之經教發極夫子所撰也而漢書藝文志云孝經者孔子爲曾子陳孝道也謂其爲曾子特說此經然則聖人之有述作豈爲一人而已斯皆誤本其文致茲乖謬也所以先儒注解多所未行唯鄭玄之六藝論曰孔子以六藝題目不同指意殊別恐道離散後世莫知根源故作孝經以揔會之其言雖則不然其意頗近之矣然入室之徒不獨假曾子爲言以參偏得孝名也老子曰六親不和有孝慈然則孝慈之名因不和而有若萬行俱備稱爲人聖則凡孝

聖無不孝也而家有三惡舜稱大孝龍逢比干忠名獨彰君不明也孝以伯奇之名偏著母不慈也曾子性雖至孝蓋有由而發矣藜蒸不熟而出其妻家法嚴也耘瓜傷苗幾殞其命明父少恩也曾子孝名之大其或由茲固非參性遲朴躬行匹夫之孝也審考經言詳稽炫釋貴藏理於古而獨得之於今者與元氏雖同炫說恐未盡善今以藝文志及鄭氏所說爲得其作經年先儒以爲魯哀公十四年西狩獲麟而作春秋至十六年夏四月己丑孔子卒爲證則作在魯哀公十四年後十六年前案鉤命決云孔子曰吾志在春秋行在孝經據先後言之明孝經之文同春秋作也又鉤命決云孔子曰春秋屬商孝經屬參則孝經之作在春秋後也○御者按大戴禮盛德篇云德法者御民之本也古之御政以治天下者冢宰之官以成道司徒之官以成德宗伯之官以成仁司馬之官以成聖司寇之官以成義司空之官以成禮故六官以爲轡司會均入以爲軜故曰御四馬者執六轡御天地與人與事者亦有六政是故善御者正身同轡均馬力齊馬心唯其所引而之以取長道遠行可以之急疾可以御天地與人事此四者聖人之所乘也是故天子御者內史太史左右手也六官亦六轡也天子三公合以執六官均五政齊五法以御四者故亦爲其所引而之以之道則國治以之德則國

安以之仁則國和以之聖則國平以之義則國成以之禮則國定此御政之體也然則御者治天下之名若柔轡之御剛馬也家語亦有此文是以秦漢以來以御爲至尊之稱又於蔡邕獨斷曰御者進也凡衣服加於身飲食入於口妃妾接寢皆曰御至於器物製作亦皆以御言之故此云御也○製者裁翦述作之謂也故左傳曰子有美錦不使人學製焉取此美名故人之文章述作皆謂之製以此序唐玄宗所撰故云御製也玄宗唐第六帝也諱隆基睿宗之子以延和元年即位時年三十三在位四十五年年七十八登遐諡曰明孝皇帝廟號玄宗開元十年製經序并注序者按詩頌云繼序思不忘毛傳云序緒也又釋詁云敘緒也是序與敘音義同郭璞云又爲端緒然則此言緒者舉一經之端緒耳○并注者并兼也注著也解釋經指使義理著明也言非但製序兼亦作注故云并也案今俗所行孝經題曰鄭氏注近古皆謂康成而晉魏之朝無有此說晉穆帝永和十一年及孝武太元元年再聚羣臣共論經義有荀昶者撰集孝經諸說始以鄭氏爲宗晉末以來多有異論陸澄以爲非玄所注請不藏於祕省王儉不依其請遂得見傳至魏齊則立學官著作律令蓋由虜俗無識故致斯訛舛然則經非鄭玄所注其驗有十二焉據鄭自序云遭黨錮之事逃難至黨錮事解注古文尚書毛詩論語爲袁譚所逼來至元城乃注周易都無注孝經之文其驗一也鄭君卒後其弟子追論師所注述及應對時人謂之鄭志其言鄭所注者唯有毛詩三禮尚書周易都不言注孝經其驗二也又鄭志目錄記鄭之所注五經之外有中候大傳七政論乾象厤六藝論毛詩譜荅臨碩難禮許愼異議釋廢疾發墨守箴膏肓荅甄守然等書寸紙片言莫不悉載若有孝經之注無容匿而不言其驗三也鄭之弟子分授門徒各述所言更爲問荅編錄其語謂之鄭記唯載禮易論語其言不及孝經其驗四也趙商作鄭玄碑銘具載諸所注箋駮論亦不言注孝經晉中經簿周易尚書中候尚書大傳毛詩周禮儀禮禮記論語凡九書皆云鄭氏注名玄至於孝經則稱鄭氏解無名玄二字其驗五也春秋緯演孔圖注云康成注三禮詩易尚書論語其春秋孝經則有評論宋均詩譜序云我先師北海鄭司農則均是玄之傳業弟子師有注述無容不知而云春秋孝經唯有評論非玄所注特明其驗六也又宋均孝經緯注引鄭六藝論敘孝經云玄又爲之注司農論如是而均無聞焉有義無辭令予昏惑舉鄭之語而云無聞其驗七也宋均春秋緯注云爲春秋孝經略說則非注之謂所言又爲之注者汎辭耳非事實其敘春秋亦云玄又爲之注寧可復責以實注春秋乎其驗八也後漢史

書存於代者有謝承薛瑩司馬彪袁山松等其所注皆無孝經唯范氏書有孝經其驗九也王肅孝經傳首有司馬宣王奉詔令諸儒注述孝經以肅說爲長若先有鄭注亦應言及而不言鄭其驗十也王肅注書好發鄭短凡有小失皆在聖證若孝經此注亦出鄭氏被肅攻擊最應煩多而肅無言其驗十一也魏晉朝賢辯論時事鄭氏諸注無不撮引未有一言孝經注者其驗十二也以此證驗易爲討覈而代之學者不覺其非乘後謬說競相推舉諸解不立學官此注獨行於世觀言語鄙陋義理乖謬固不可示彼後來傳諸不朽至古文孝經孔傳本出孔氏壁中語甚詳正無俟商搉而曠代亾逸不被流行隋開皇十四年祕書學生王逸於京市陳人處買得一本送與著作王劭以示河間劉炫仍令校定而此書更無兼本難可依憑炫輒以所見率意刊改因著古文孝經稽疑一篇故開元七年勅議之際劉子玄等議以爲孔鄭二家雲泥致隔今綸旨煥發校其短長必謂行孔廢鄭於義爲允國子博士司馬貞議曰今文孝經是漢河間王所得顏芝本至劉向以此參校古文省除繁惑定此一十八章其注相承云是鄭玄所作而鄭志及目錄等不載故往賢共疑焉唯荀昶范曄以爲鄭注故昶集解孝經具載此注爲優且其注縱非鄭玄而義旨敷暢將爲得所雖數處小有非穩實亦未爽經言其古文二十二章無出孔壁先是安國作傳緣遭巫蠱未之行也昶集注之時尚未見孔傳中朝遂亡其本近儒欲崇古學妄作傳學假稱孔氏輒穿鑿改更又僞作閨門一章劉炫詭隨妄稱其善且閨門之義近俗之語必非宣尼正說案其文云閨門之內具禮矣嚴親嚴兄妻子臣妾繇百姓徒役也是此妻子於徒役文句凡鄙不合經典又分庶人章從故自天子已下別爲一章仍加子曰二字然故者連上之辭既是章首不合言故是古人既沒後人妄開此等數章以應二十二之數非但經久不真抑亦傳文淺僞又注用天之道分地之利其略曰脫之應功暴其肌體朝暮從事露髮徒足少而習之其心安焉此語雖旁出諸子而引之爲注何言之鄙俚乎與鄭氏所云分別五土視其高下高田宜黍稷下田宜稻麥優劣懸殊曾何等級今議者欲取近儒詭說而廢鄭注理實未可請准令式孝經鄭注與孔傳依舊俱行詔鄭注仍舊行用孔傳亦存是時蘇宋文吏拘於流俗不能發明古義奏議排子玄令諸儒對定司馬貞與學生郗常等十人盡非子玄卒從諸儒之說至十年

上自注孝經頒于天下卒以十八章爲定

孝經正義終

孝經序

朕聞上古其風朴略（疏）朕聞上古至德之本歟。正義曰自此以下至於序末凡有五段明義當段自解其指於此不復繁文今此初段序孝之所起及可以教人而爲德本也。朕者我也古者尊卑皆稱之故帝舜命禹曰朕志先定禹曰朕德罔克皐陶曰朕言惠可底行又屈原亦云朕皇考曰伯庸是由古人質故君臣共稱至秦始皇二十六年始定爲天子之稱聞者目之不覩耳之所傳曰聞上古者經典所說不同案禮運鄭玄注云中古未有釜甑則謂神農爲中古若易歷三古則伏羲爲上古文王爲中古孔子爲下古若三王對五帝則五帝亦爲上古故士冠記云大古冠布下云三王共皮弁則大古五帝時也大古亦上古也以其文各有所對故上古中古不同也此云上古者亦謂五帝以上也知者以下云及乎仁義既有以禮運及老子言之仁義之盛在三王之世則此上古自然當五帝以上也云其風朴略者風教也朴質也略疏略也言上古之君貴尚道德其於教化則質朴疏略也 雖因心之孝已萌而資敬之禮猶簡（疏）正義曰因猶親也資猶取也言上古之人有自然親愛父母之心如此之孝雖已萌兆而取其恭敬之禮節猶尚簡少也周禮大司徒教六行云孝友睦婣任恤注云因親於外親是因得爲親也詩大雅皇矣云維此王季因心則友士章云資於事父以事君而敬同此其所出之文也故引以爲序耳 及乎仁義既有親譽益著（疏）正義曰及乎者語之發端連上逮下之辭也仁者兼愛之名義者裁非之謂仁義既有謂三王時也案曲禮云太上貴德鄭注云大古帝皇之世又禮運云大道之行也鄭注云大道謂五帝時老子德經云失道而後德失德而後仁失仁而後義是道德當三皇五帝時則仁義當三王之時可知也慈愛之心曰親聲美之稱曰譽謂三王之世天下爲家各親其親各子其子親譽之道日益著見故曰親譽益著也 聖人知孝之可以教人也（疏）正義曰聖人謂以孝治天下之明王也孝爲百行之本至道之極故經文云聖人之德又何以加於孝乎 故因嚴以教敬因親以教愛（疏）正義曰引下經文以證義也 於是以順移忠之道昭矣立身揚名之義彰矣

（疏）正義曰經云君子之事親孝故忠可移於君又曰立身行道揚名於後世言人事兄能悌以之事長則爲順事親能孝移之事君則爲忠然後立身揚名傳於後世也昭彰皆明也 子曰吾志在春秋行在孝經（疏）正義曰此鉤命決文也言褒貶諸侯善惡志在於春秋人倫尊卑之行在於孝經也 是知孝者德之本歟（疏）正義曰論語云孝弟也者其爲仁之本歟今言孝者德之本歟者歎美之辭舉其大者而言故但云孝德則行之總名故變仁言德也 經曰昔者明王之以孝理天下也不敢遺小國之臣而況於公侯伯子男乎（疏）經曰至形於四海。正義曰此第二段序已仰慕先世明王欲以博愛廣敬之道被四海也。經曰至男乎。此孝治章文也故言經曰言小國之臣尚不敢遺棄何況於五等列爵之君乎公侯伯子男五等之爵也白虎通曰公者通也公正無私之意也春秋傳曰王者之後稱公侯者候也候順逆也伯者長也爲一國之長也子者字也常行字愛於人也男者任也常任王事也王制云公侯地方百里伯七十里子男五十里至於周公時增地益廣加賜諸侯之地公五百里侯四百里伯三百里子二百里男一百里公爲上等侯伯爲中等子男爲下等言小國之臣謂子男之臣也 朕嘗三復斯言景行先哲（疏）正義曰復猶覆也斯此也景明也哲智也言每讀經至此科三復反覆重讀庶幾法則此有明行者先世聖智之明王也論語云南容三復白圭詩云高山仰止景行行止是其類也 雖無德教加於百姓（疏）正義曰上遜辭也 庶幾廣愛形于四海（疏）正義曰此上意思行教也庶幾猶幸望既謙言無德教加於百姓唯幸望以廣敬博愛之道著見於四夷也案經作刑刑法也今此作形則形猶見也義得兩通無繁改字四海即四夷也又經別釋 嗟乎夫子沒而微言絕異端起而大義乖（疏）嗟乎至樞要也。正義曰此第三段歎夫子沒後遺世陵遲典籍散亡傳注踳駮所以撮其樞要而自作注也嗟乎上歎辭也夫子孔子也以嘗爲魯大夫故云夫子案史記云孔子生魯國昌平陬邑魯襄公二十二年生年七十三以魯哀公十六年四月己丑卒葬魯城北泗上而微言絕

者藝文志文李奇曰隱微不顯之言也顔師古曰精微要妙之言耳言夫子沒後妙言咸絕七十子既喪而異端並起大義悉乖
況泯絕於秦得之者皆煨燼之末〈疏〉正義曰泯滅也秦者隴西谷名也在雍州鳥鼠山之東北昔皐陶之子伯翳佐禹治水有功舜命作虞賜姓曰嬴其左孫非子爲周孝王養馬於汧渭之間封爲附庸邑于秦谷及非子之曾孫秦仲周宣王又命爲大夫仲之孫襄公討西戎救周周室東遷以岐豐之地賜之始列爲諸侯春秋時稱秦伯至孝公子惠文君立是爲惠王及莊襄王爲秦質子於趙見呂不韋姬說而取之生始皇拔秦昭王四十八年正月生於邯鄲及生名爲政姓趙氏年十三莊襄王死政代立爲秦王至二十六年平定天下號曰始皇帝三十四年置酒咸陽宮博士齊人淳于越進曰臣聞殷周之王千餘歲封子弟功臣自爲枝輔今陛下有海內而子弟爲匹夫卒有田常六卿之臣無輔拂何以輔政哉丞相李斯曰五帝不相復三代不相襲非其相反時變異也今陛下創大業建萬世之功固非愚儒之所知臣請史官非秦記皆燒之非博士官所職天下敢有藏詩書百家語者悉詣守尉雜燒之制曰可三十五年以爲諸生誹謗乃自除犯禁者四百六十餘人皆阬之咸陽是經

籍之道滅絕於秦說文云煨盆火也燼火餘也言遺秦焚阬之後典籍滅亡雖僅有存者皆火餘之微末耳若伏勝尚書顏貞孝經之類是也
濫觴於漢傳之者皆糟粕之餘〈疏〉正義曰家語孔子謂子路曰夫江始於岷山其源可以濫觴及其至江津也不舫舟不避風雨不可以涉王肅曰觴所以盛酒者言其微也又文選郭景純江賦曰惟岷山之導江初發源乎濫觴臣翰注云濫謂汎濫小流貌觴酒醆也謂發源小如一醆漢者巴蜀之間地名也二世元年諸侯叛秦沛人共立劉季以爲沛公二年八月入秦秦相趙高殺二世立二世兄子子嬰冬十月爲漢元年子嬰二年春正月項羽尊楚懷王爲義帝羽自立爲西楚霸王更立沛公爲漢王王巴蜀漢中四十一縣都南鄭五年破項羽斬之六年二月即皇帝位于汜水之陽遂取漢爲天下號若商周然也漢與改秦之政大收篇籍言從始皇焚燒之後至漢氏尊學初除挾書之律有河間人顏貞出其父芝所藏凡一十八章以相傳授言其至少故云濫觴於漢而其後復盛則如江矣釋名云酒滓曰糟浮米曰粕既以濫觴況其少因取糟粕比其微言醇粹既喪但餘此糟粕耳
故魯史春秋學開五傳〈疏〉正義曰故者因上起下之

語夫子約魯史春秋學開五傳者謂名專已學以相教授分經作傳凡有五家開則分也五傳者案漢書藝文志云左氏傳三十卷左丘明魯大史也公羊傳十一卷公羊子齊人名高受經於子夏穀梁傳十一卷名赤魯人糜信云與秦孝公同時十錄云名俶字元始風俗通云子夏門人鄒氏傳十一卷漢書云王吉善鄒氏春秋夾氏傳十一卷有錄無書其鄒夾二義鄒氏無師夾氏未有書故不顯于世蓋王莽時亡失耳
國風雅頌分爲四詩〈疏〉正義曰詩有國風小雅大雅周頌魯頌商頌故曰國風雅頌四詩者毛詩韓詩齊詩魯詩也毛詩自夫子授卜商傳至大毛公名亨大毛公授毛萇趙人爲河間獻王博士先有子夏詩傳一卷萇各置其篇端存其作者至後漢大司農鄭玄爲之箋是曰毛詩韓詩者漢文帝時博士燕人韓嬰所傳武帝時與董仲舒論於上前仲舒不能難至晉無人傳習是曰韓詩齊詩者漢景帝時博士淸河太傅轅固生所傳號齊詩傳夏侯始昌昌授后蒼諸門人尤盛後漢陳元方亦傳之至西晉亡是曰齊詩魯詩者漢武帝時魯人申公所述以經爲訓詁教之無傳疑者則闕號爲魯詩
去聖逾遠源流益別〈疏〉正義曰逾越也百川之本曰源水行曰流增多曰益言秦漢而下去

去孔子聖越遠孝經本是一源諸家增益別爲家流謂其文不同也
近觀孝經舊注踳駁尤甚〈疏〉正義曰孝經今文稱鄭玄注古文稱孔安國注先儒詳之皆非眞實而學者互相宗尚踳乖也駁錯也尤過也今言觀此二注乖錯過甚故言踳駁尤甚也
至於迹相祖述殆且百家〈疏〉正義曰至於者語更端之辭也迹蹤跡也祖始也因而明之曰述言學者蹤跡相尋以在前者爲始後人從而述脩之若仲尼祖述堯舜之爲也殆近也言近且百家目其多也案其人今文則有魏王肅蘇林何晏劉邵吳韋昭謝萬徐整晉袁宏虞槃佑東晉楊泓殷仲文車胤孫氏庾氏荀昶孔光何承天釋慧琳齊王玄載明僧紹及漢之長孫氏江翁翼奉后蒼張禹鄭衆鄭玄所說各擅爲一家也其梁皇侃撰義疏三卷梁武帝作講疏賀瑒嚴植之劉貞簡明山賓咸有說隋有鉅鹿魏眞克者亦爲之訓注其古文出自孔氏壁本是孔安國作傳會巫蠱事其本亡失至隋王邵所得以送劉炫炫敘其得喪述其義疏議之劉綽亦作疏與鄭義俱行又馬融亦作古文孝經傳而世不傳此皆祖述名家者也
業擅專門猶將十室〈疏〉正義曰上言百家者大略皆祖述而

已其於傳守已業專門命氏者尚自將近十室室則家也爾
雅釋宮云宮謂之室室謂之宮其內謂之家但與上百家變
文耳故言十室其十室之名序不指摘
可疏言蓋后蒼張禹鄭玄王肅之徒也 不希升堂者必
自開戶牖(疏)正義曰希望也論語云子曰由也升堂
矣未入於室夫子言仲由升我堂矣未
入於室耳今祖述孝經之人望升夫子之堂者既不得
其門而入必自擅開門戶牖矣言其妄爲穿鑿也 攀
逸駕者必騁殊軌轍(疏)正義曰攀引也逸駕謂奔
逸之車駕也案莊子顏淵
問於仲尼曰夫子步亦步夫子趨亦趨夫子馳亦馳夫子奔
逸絕塵而回瞠若乎後耳言夫子之道神速不可及也今祖
述孝經之人欲仰慕攀引夫子奔逸之駕者既不得直道而
行必馳騁於殊異之軌轍矣言不知道之無從也兩轍之間
曰軌車輪
所轢曰轍 是以道隱小成言隱浮僞(疏)正義曰
道者聖
人之大道也隱蔽也小成謂小道而有成德者也言者夫子
之至言也浮僞謂浮華辯辭也言此穿鑿馳騁之徒唯行小
道華辯致使大道至言皆爲隱蔽其實則不可隱故莊子內
篇齊物論云道惡乎隱而有眞僞言惡乎隱而有是非道惡

乎往而不存言惡乎存而不可道隱於小成言隱於
榮華此文與彼同唯榮華作僞耳大意不異也 且傳
以通經爲義義以必當爲主(疏)正義曰且者語
辭傳者注解之
別名傳釋經意傳示後人則謂之傳注者著也約文敷暢使
經義著明則謂之注作得自題不爲義例或曰前漢以前名
傳後漢以來名注蓋亦不然何則馬融亦謂之傳知或說非
也此言傳注解釋則以通暢經指爲義義之裁斷則以必然
當理爲
主也 至當歸一精義無二(疏)正義曰至極之當必
歸於精妙之義焉
有二三將言諸家
不同宜會合之也 安得不翦其繁蕪而撮其樞
要也(疏)正義曰安何也諸家之說既互有得失何得
不翦截繁多蕪穢而撮取其樞機要道也 韋
昭王肅先儒之領袖虞翻劉邵抑又次焉(疏)
正義曰自此至有補將來爲第四段序作注之意舉六家異
同會五經旨趣敷暢經義望益將來也吳志曰韋曜字弘嗣
吳郡雲陽人本名昭避晉文帝諱改名曜事吳至中書僕射
侍中領左國史封高陵亭侯魏志曰王肅字子雍王朗之子

仕魏歷散騎黃門侍郎散騎常侍兼太常吳志虞翻字仲翔
會稽餘姚人漢末舉茂才曹公辟不就仕吳以儒學聞爲老
子論語國語訓注傳於世魏志劉邵字孔才廣平邯鄲人仕
魏歷散騎常侍賜爵關內侯著人物志百篇此指言韋王所
學在先儒之中如衣之有領袖
也虞劉一家亞次之抑語辭也 劉炫明安國之本陸
澄譏康成之注(疏)正義曰隋書云劉炫字光伯河間
景城人炫左畫方右畫圓口誦目
數耳聽五事並舉無所遺失仕後周直門下省竟不得官縣
司責其賦役炫自陳於內史乞送吏部吏部尚書韋世康問
其所能炫自爲狀曰周禮禮記毛詩尚書公羊左傳孝經論
語孔鄭王何服杜等注凡三十家雖義有精麤並堪講授周
易儀禮穀梁用功稍少子史文集嘉言美事咸誦於心天文
律歷窮覈微妙公私文翰未嘗假手吏部竟不詳試除殿內
將軍仕隋歷太學博士罷歸河間賊中餧死諡宣德先生初
炫既得王邵所送古文孔安國注本遂著古文稽疑以明之
蕭子顯齊書曰陸澄字彥淵吳郡吳人也少學博覽無不知
起家仕宋至齊歷國子祭酒光祿大夫初澄以晉荀昶所學
寫非鄭玄所注請文
藏秘書王儉違其議 在理或當何必求人(疏)正義
曰言

但在注釋之理允當不必
譏非其人也求猶責也 今故特舉六家之異同會
五經之旨趣(疏)正義曰六家即韋昭王肅虞翻劉邵
劉炫陸澄也言舉此六家而又會合
諸經之
旨趣耳 約文敷暢義則昭然(疏)正義曰約省也敷
布也暢通也言作
注之體在約省其文不假繁多能徧
布通暢經義使之昭明也然辭也 分注錯經理亦條
貫(疏)正義曰謂分其注解間錯經文也經注雖然分錯其
理亦不相亂而有條有貫也書云若網在綱有條而
不紊論語子曰參乎吾道
以貫之是條之理也 寫之琬琰庶有補於將來
(疏)正義曰案考工記玉人職云琬圭九寸而繅以象德注
云琬猶圜也王使之瑞節也諸侯有德王命賜之使者
執琬圭以致命焉繅藉也又云琰圭九寸判規以除慝以易
行注云凡圭琰上寸半琰圭琰半以上又半爲瑑飾諸侯有
爲不義使者征之執以爲瑞節也除慝誅惡逆也易行止暴
苛今言以此所注孝經寫之琬圭琰圭之上若簡策之爲庶
幾有所裨補於將來學者或曰謂刊
石也而言寫之琬琰者取其美名耳 且夫子談經志取

垂訓(疏)正義曰自此至序末爲第五段言夫子之經言約意深注繁文不能具載仍作疏義以廣其旨也且夫子所談之經其志但取垂訓後代而已雖五孝之用則別而百行之源不殊(疏)正義曰五孝者天子諸侯卿大夫士庶人五等所行之孝也言此五孝之用雖尊卑不同而孝爲百行之源則其致一也是以一章之中凡有數句一句之内意有兼明(疏)正義曰積句以成章章者明也總義包體所以明情者也句必聯字而言句者局也聯字分疆所以局言者也言夫子所脩之經志在殷勤垂訓所以一章之中凡有數句一句之内意有兼明者也若移忠移順博愛廣敬之類皆是具載則文繁略之又義闕(疏)正義曰言作注之體意在約文敷暢憑恐太略則大義或闕今存於疏用廣發揮(疏)正義曰此言必順作疏之義也發謂發越揮謂揮散若其注文未備者則具存於疏用此義疏以廣大發越揮散夫子之經旨也

孝經序終

𢀖福建道監察御史武寧盧浙栞

孝經注疏卷第一

開宗明義章第一

疏 正義曰開張也宗本也明顯也義理也言此章開張一經之宗本顯明五孝之義理故曰開宗明義章也第次也一數之始也以此章揔標諸章以次結之故爲第一冠諸章之首焉案孝經遭秦坑焚之後爲河間顏芝所藏初除挾書之律芝子貞始出之長孫氏及江翁后倉翼奉張禹等所說皆十八章及魯恭王壞孔子宅得古文二十二章孔安國作傳劉向校經籍比量二本除其煩惑以十八章爲定而不列名又有荀昶集其錄及諸家疏並無章名而援神契自天子至庶人五章唯皇侃標其目而冠於章首今鄭注見章名豈先有改除近人追遠而爲之也御注依古今集詳議儒官連狀題其章名重加商量遂依所請章者明也謂分析科段使理章明說文曰樂歌竟爲一章章字從音從十謂從一至十十數之終諸書言章者蓋因風雅凡有科段皆謂之章焉言天子庶人雖列貴賤而立身行道無限高卑故次首章先陳天子等差其貴賤以至庶人次及三才孝治聖治三章並敍德教之所由生也紀孝行章敍孝子事親爲先與五刑相因即夫孝始於事親也廣要道章廣揚名章即先王有至德要道揚名於後世也揚名之上因諫爭之臣從諫之君必有應感三章相次不離於揚名事君章即忠於事君也喪親章繼於諸章之末言孝子事親之道紀也皇侃以開宗及紀孝行喪親等三章通於貴賤今案諫爭章大夫已上皆有爭臣而士有爭友父有爭子亦該貴賤則通於貴賤者有四焉

仲尼居 仲尼孔子字居謂閒居 **曾子侍** 曾子孔子弟子侍謂侍坐

疏 仲尼居曾子侍○正義曰夫子以六經設教隨事表名雖道由孝生而孝綱未舉將欲開明其道垂之來裔以曾參之孝先有重名乃假因閒居爲之陳說自標己字稱仲尼呼參爲子稱曾子侍建此兩句以起師資問荅之體似若別有承受而記錄之○注仲尼至閒居○正義曰云仲尼孔子字者案家語云孔子父叔梁紇娶顏氏之女徵在徵在既往廟見以夫年長懼不時有男而私禱尼丘山以祈焉孔子故名丘字仲尼夫伯仲者長幼之次也仲尼有兄字伯故曰仲其名則案桓六年左傳申繻曰名有五其三曰以類命爲象杜注云若孔子首象尼丘蓋以孔子生而汙頂象尼丘山故名丘字仲尼而劉瓛述張禹之義以爲仲者中也尼者和也言孔子有中和之德故曰仲尼殷仲文又云夫子深敬孝道故稱表德之字及梁武帝又以丘爲聚以尼爲和今並不取仲尼之先殷之後也案史記殷本紀曰帝嚳之子契爲堯司徒有功堯封之於商賜姓子氏契後世孫湯滅夏而爲天子至湯裔孫有位無道周武王殺之封其庶兄微子啓於宋案家語又孔子世家皆云孔子其先宋人也宋閔公有子弗父何長而當立讓其弟厲公何生宋父周周生世子勝勝生正考父正考父受命爲宋卿生孔父嘉嘉別爲公族故其後以孔爲氏或以爲所乙配子或以滴溜穿石其言不經今不取也孔父嘉生木金父木金父生皐夷父皐夷父生防叔防叔避華氏之禍而奔魯防叔生伯夏伯夏生叔梁紇叔梁紇生孔子也云居謂閒居者古文孝經云仲尼閒居蓋爲乘閒居而坐與論語云居吾語汝義同而以下章居則致其敬不同○注曾子至侍坐○正義曰云曾子孔子弟子者案史記仲尼弟子傳稱曾參南武城人字子輿少孔子四十六歲孔子以爲能通孝道故授之業作孝經死於魯故知是仲尼弟子也云侍謂侍坐者言侍孔子而坐也案古文云曾子侍坐故知侍謂侍坐也卑者在尊側曰侍故經謂之侍凡侍有坐有立此曾子侍即侍坐也曲禮有侍坐於先生侍坐於所尊侍坐於君子據此而言明侍坐於夫子也

子曰先王有至德要道以順天下民用和睦上下無怨 孝者德之至道之要也言先代聖德之主能順天下人心行此至要之化則上下臣人和睦無怨 **汝知之乎** 參曾子名也禮師有問避席起荅故 **曾子避席曰參不敏何足以知之** 參不達何足知此至要之義 **子曰夫孝德之本也** 人之行莫大於孝故爲德本 **教之所由生也** 言教從孝而生 **復坐吾語汝** 曾參起對故使復坐

疏 子曰至語汝○正義曰子者孔子自謂案公羊傳云子者男子通稱也古者謂師爲子故夫子以子自稱曰者辭也言先代聖帝明王皆行至美之德要約之道以順天下人心而教化之天下之人被服其教用此之故並自相和睦上下尊卑無相怨者參汝能知之乎又假言參聞夫子之說乃避所居之席起而對曰參性不聰敏何足以知先王至德要道之言義既敍曾子不知夫子又爲釋之曰夫孝德行之根本也釋先王有至德要道謂至德要道元出於孝孝爲之本也云教之所生也者此釋以順天下民用和睦上下無怨謂了教由孝而生也孝道深廣非立可終故使復坐吾語汝也○注孝者至無怨○正義曰云孝者德之至道之要也者依

王肅義德以孝而至道以孝而要是道德不離於孝殷仲文
曰窮理之至以一管衆爲要劉炫曰性未達何足知然性未
達何足知至要之義者謂自云性不達何足知此先王至德
要道之義也○注人之至德本○正義曰此依鄭注引其聖
治章文也言孝行最大故爲德之本也德則至德也○注言
教從孝而生○正義曰此依韋注也案禮記祭義稱曾子云
衆之本教曰孝尚書敬敷五教解者謂教父以義教母以慈
教兄以友教弟以恭教子以孝舉此則其餘順人之教皆可
知也○注曾參至復坐○正義曰此義已見於上 身體髮膚受之父母不敢
毀傷孝之始也 父母全而生之已當全而歸之故不敢毀傷 立身行道
揚名於後世以顯父母孝之終也 言能立身行此孝道自然
名揚後世光顯其親故行孝以不毀爲先揚名爲後〔疏〕身體至終也○正義曰身謂躬也體謂四支也髮謂毛髮
膚謂皮膚禮運曰四體既正膚革充盈詩曰鬒髮如雲此則
身體髮膚之謂也言爲人子者常須戒慎戰戰兢兢恐致毀
傷此行孝之始也又言孝行非唯不毀而已須成立其身使
善名揚於後代以光榮其父母此孝行之終也若行孝道不
至揚名榮親則未得爲立身也○注父母至毀傷○正義曰
云父母全而生之已當全而歸之者此依鄭注引祭義樂正
子春之言也言子之初生受全體於父母故當常自念慮至
死全而歸之若曾子啓手啓足之類是也云故不敢毀傷者
毀謂虧辱傷謂損傷故夫子云不虧其體不辱其身可謂全
矣及鄭注周禮禁殺戮云見血爲傷是也○注言能至其後
正義曰云能言立身行此孝道者謂人將立其身先須行此
孝道也其行孝道之事則下文始於事親中於事君是也云
自然名揚後世光榮其親者皇侃云若生能行孝沒而揚名
則身有德譽乃能光榮其父母也因引祭義曰孝也者國人
稱願然曰幸哉有子如此又引哀公問稱孔子對曰君子也
者人之成名也百姓歸之名謂之君子之子是使其親爲君
子也此則揚名榮親也云故行孝以不毀爲先者至其身爲
孝子之始也云揚名爲後者謂後行孝道爲孝之終也夫不
敢毀傷闔棺乃止立身行道弱冠須明經雖言其始終此略
示有先後非謂不敢毀傷唯在於始立身獨在於終也明不
敢毀傷立身行道從始至末兩行無怠此於次有先後非於事理有終始也 夫孝始於事親
中於事君終於立身 言行孝以事親爲始事君爲中忠孝道著乃能揚名榮親故曰

終於立身也〔疏〕夫孝至立身○正義曰夫爲人子者先能全身而後能行其道也夫行道者謂先能事親而後
能立其身前言立身未示其跡其跡始者在於內事其親也
中者在於出事其主忠孝皆備揚名榮親是終於立身○注
言行至身也○正義曰云言行孝以事親爲始事君爲中者
此釋始於事親中於事君也云忠孝道著乃能揚名榮親故
曰終於立身也者此釋終於立身也然能事親事君理兼上
恩則終於立身此通貴賤焉鄭玄以爲父母生之是事親爲
始四十強而仕是事君爲中七十致仕是立身爲終也者劉
炫駁云若以始爲在家終爲致仕則兆庶皆能有始人君所
以無終若以年七十者始爲孝終不致仕者皆爲不立則中壽之輩盡曰不終顏子之流亦無所立矣 大雅
云無念爾祖聿脩厥德 詩大雅也無念念也聿述也厥其也義取恒念先祖述脩其德〔疏〕大雅至厥德○正義曰夫子敘述立身行道揚名之義既畢乃引大雅文王之詩以結之言凡爲人子孫
者常念爾之先祖常述脩其功德也○注詩大王其德○正
義曰云無念念也此並毛傳文厥其也釋言文云義
取常念先祖述脩其德者此依孔傳也謂述脩先祖之德而
行之此經有十一章引詩及書劉炫云夫子敘經申述先王
之道詩書之詩事有當其義者則引而證之示言不虛發也
七章不引者或事義相違或文勢自足則不引也五經唯傳
引詩而禮則雜引詩書及易並意及則引若汎指則云詩曰
詩云若指四始之名即云國風大雅小雅魯頌商頌若指篇
名即言句曰武曰皆隨所便而引之無定例也鄭
注云雅者正也方始發章以正爲始亦無取焉

天子章第二

〔疏〕正義曰前開宗明義章雖通貴賤其跡未著故此已下至於庶人凡有五章謂之五孝各說行孝奉親之事而
立教焉天子至尊故標居其首案禮記表記云惟天子受命
於天故曰天子白虎通云王者父天母地亦曰天子虞夏以
上未有此名殷周以來
始謂王者爲天子也

子曰愛親者不敢惡於人 博愛也 敬親者不敢
慢於人 廣敬也 愛敬盡於事親而德教加於百
姓刑于四海 刑法也君行博愛廣敬之道使人皆不慢惡其親則德教加被天下當爲四夷之所

法則也

蓋天子之孝也 蓋猶略也孝道廣大此略言之 疏 子曰至孝也○正義曰此陳天子之孝也所謂愛親者是天子身行愛敬也不敢惡於人不敢慢於人者是天子施化使天下之人皆行愛敬不敢慢惡於其親也親謂其父母也言天子豈唯因心內恕克己復禮自行愛敬而已亦當設教施令使天下之人不慢惡於其父母如此則至德要道之教加被天下亦當使四海蠻夷慕化而法則之此蓋是天子之行孝也孝經援神契云天子孝曰就言德被天下澤及萬物始終成就榮其祖考也五等之孝惟於天子章稱子曰者皇侃云上陳天子極尊下列庶人極卑尊卑既異恐嫌爲孝之理有別故以一子曰通冠五章明尊卑貴賤有殊而奉親之道無二○注博愛也○正義曰此依魏注也博大也言君愛親又施德教於人使人皆愛其親不敢有惡其父母者是博愛也○注廣敬也○正義曰此依魏注也廣亦大也言君敬親又施德教於人使人皆敬其親不敢有慢其父母者是廣敬也孔傳以人爲天下衆人言君愛敬己親則能推己及物謂有天下者愛敬天下之人有國者愛敬一國之人也不惡者爲君常思安人爲其興利除害則上下無怨是爲至德也不慢者則曲禮曰毋不敬書曰爲人上者奈何不敬君能不慢於人脩己以安百姓則千

萬人悅是爲要道也上施德教人用和睦則分崩離析無由而生也案禮記祭義稱有虞氏貴德而尚齒夏后氏貴爵而尚齒殷人貴富而尚齒周人貴親而尚齒虞夏殷周天下之盛王也未有遺年者年之貴乎天下久矣次乎事親也斯亦不敢慢於人也所以於天子章明愛敬者王肅韋昭云天子居四海之上爲教訓之主爲教易行故寄易行者宣之然愛之與敬解者衆多沈宏云親至結心爲愛崇恪表迹爲敬劉炫云愛惡俱在於心敬慢並見於貌愛者隱惜而結於內敬者嚴肅而形於外皇侃云愛敬各有心迹烝烝至惜是爲愛心温清搔摩是爲愛迹肅肅悚慄是爲敬心拜伏擎跪是爲敬迹舊說云愛生於眞敬起自嚴孝是眞性故先愛後敬也舊問曰天子以愛敬爲孝及庶人以躬耕爲孝五者竝相通否梁王荅云天子既極愛敬必須五等行之然後乃成庶人雖在躬耕豈不愛敬及不驕不溢已下事邪以此言之五等之孝互相通也然諸侯言保社稷大夫言守宗廟士言保其祿位而守其祭祀以則言之天子當云保其天下庶人當言保其田農此略之不言何也左傳曰天子守在四夷故愛敬盡於事親之下而言德教加於百姓刑于四海保守之理已定不煩更言保也庶人用天之道分地之利謹身節用保守田農不離於此既無守任不假言保守也○注刑法至則也

正義曰刑法也釋詁文云君行博愛廣敬之道使人皆不慢惡其親者是天子愛敬盡於事親又施德教使天下之人皆不敢慢惡其親也云則德教加被於天下者釋刑於四海也百姓謂天下之人皆有族姓言百舉其多也尚書云平章百姓則謂百姓爲百官爲下有黎民之文所以百姓非兆庶也此經德教加於百姓則謂天下百姓爲與刑于四海相對四海既是四夷則此百姓自然是天下兆庶也無通謂與也爲四海案周禮記爾雅皆言東夷西戎南蠻北狄謂之四夷或云四海故注以四夷釋四海也孫炎曰海者晦暗無知也○注蓋猶至略言之○正義曰此依魏注也案孔傳云蓋者辜較之辭劉炫云辜較猶梗槩也孝道既廣此纔舉其大略也劉瓛云蓋者不終盡之辭明孝道之廣大此略言之也皇侃云略陳如此未能究竟是也鄭注云蓋者謙辭據此而言蓋非謙也劉炫駮云若以制作須謙則庶人亦當謙矣苟以名位須謙夫子曾爲大夫於士何謙而亦云蓋也斯則卿士以上之言蓋者並非謙辭可知也

甫刑云一人有慶兆民賴之 甫刑即尚書呂刑也一人天子也慶善也十億曰兆義取天子行孝兆人皆賴其善 疏 甫刑至賴之○正義曰夫子述天子之行孝既畢乃引尚書甫刑篇之言以結成其義慶善也

言天子一人有善則天下兆庶皆倚賴之也善則愛敬是也人有慶結愛敬盡於事親已上也兆民賴之結而德教加於百姓已下也○注甫刑至其善○正義曰云甫刑即尚書呂刑也者尚書有呂刑而無甫刑也案禮記緇衣篇孔子兩引甫刑稱與呂刑無別則孔子之代以甫刑命篇明矣今尚書爲呂刑者孔安國云後爲甫侯故稱甫刑知者以詩大雅崧高之篇宣王之詩云生甫及申揚之水爲平王之詩不與我戍甫明子孫改封爲甫侯不知因呂國改作甫名不知別封餘國而爲甫號然子孫封甫穆王時未有甫名而稱爲甫刑者後人以子孫之國號名之也猶若叔虞初封於唐子孫封晉而史記稱晉世家也劉炫以爲遭秦焚書各信其學後人不能改正兩存之也者非也諸章皆引詩此章獨引書者以孔子之言布在方策言必皆引詩書證事示不虛說義當詩意則引詩義當易意則引易此章與書意義相契故引爲證也鄭注以書錄王事故證天子之章以爲引類得象然引大雅證大夫引曹風證聖治豈引類得象乎此不取也云一人天子也者依孔傳也舊說天子自稱則言予一人予我也言我雖身處上位猶是人中之一耳與人不異是謙也若臣人稱之則惟言一人言四海之內惟一人乃爲尊稱也天子者帝王之爵猶公侯伯子男五等之稱云慶善也書傳

通也云十億曰兆者古數爲然云義取天子行孝兆人皆賴其善者擇一人有慶兆民賴之也姓言百民稱兆皆舉其多也

孝經注疏卷第一

学協社道監察御史武寧盧浙栞

孝經注疏挍勘記序　阮元撰盧宣旬敬錄

孝經有古文有今文有鄭注有孔注孔注今不傳近出於日本國者誕妄不可據要之孔注即存不過如尚書之僞傳決非眞也鄭注之僞唐劉知幾辨之甚詳而其書久不存近日本國又撰一本流入中國此僞中之僞尤不可據者孝經注之列於學官者係唐元宗御注唐以前諸儒之說因藉捃摭以僅存而當時元行沖義疏經宋邢昺刪改亦尚未失其眞學者舍是固無繇闚孝經之門徑也惟其譌字實繁元舊有挍本因更屬錢塘監生嚴杰旁披各本並文苑英華唐會要諸書或讎或挍務求其是元復親酌定之爲孝經挍勘記三卷釋文挍勘記一卷阮元記

引據各本目録

唐石臺孝經四軸　顧炎武金石文字記云石刻孝經今在西安府儒學前第二行題曰御製序并注及書其下小字曰皇太子臣亨奉勅題額後有天寶四載九月日銀青光祿大夫國子祭酒上柱國臣李齊古上表及元宗御批大字草書二十八字其下有特進行尚書左僕射兼右相吏部尚書集賢院學士修國史上柱國晉國公臣林甫等四十五人惟林甫以左僕射不書姓經序注俱八分書其額曰大唐開元天寶聖文神武皇帝注孝經臺中間人名下損入丁酉歲八月廿六日紀九字是後人所添是歲乙酉非丁酉也又末二行官銜不書臣亦可疑

唐石經孝經一卷

宋熙寧石刻孝經一卷　芝本張南軒所書不分章每行十一字末題熙寧壬子八月壬寅書

付姪𢙪收時寓卩之廢寺居東齋南軒題

南宋相臺本孝經一卷 宋岳珂刊每半葉八行行十七字注文雙行附音釋卷末有木刻亞形篆書相臺岳氏刻梓荊溪家塾印

正德本孝經注疏九卷 是本刊于明正德六年每半葉十行行十七字注疏每格雙行行廿三字經文下載注不標注字正義冠大疏字於上每葉之末上題篇識皆元泰定間刊本舊式錯字甚多今挍正義無別本可據記中所稱此本者即據是刻而言

閩本孝經注疏九卷 明嘉靖閩中御史李元陽刻分卷同正德本每半葉九行每章首行廿一字餘低一格每行二十字注同正義雙行每行亦二十字詳春秋左傳注疏挍勘記

重脩監本孝經注疏九卷 明萬歷十四年刊分卷同正德本詳春秋左傳注疏挍勘記

毛本孝經注疏九卷 明崇禎已巳常熟汲古閣毛晉刊分卷同正德本詳春秋左傳注疏挍勘記

孝經注疏序挍勘記

阮元撰盧宣旬摘錄

孝經注疏序 此五字頂格在第一行閩本監本毛本同案注原作註今訂正下同說詳唐元宗序以下凡他本與此本同者不載○註今改作注

今特翦截元疏 案翦原作剪俗字今訂正下同此本序低二字分作六行閩本監本低一字分作四行毛本頂格

翰林侍講學士朝請大夫守國子祭酒上柱國賜紫金魚袋臣邢昺等奉 勑挍定注疏 是銜在第八行第九行魚字另提行並低字半閩本監本在第六行第七行魚字另提行低一字毛本在第二行序前翰字上增宋字低一字臣字不側註校作較案當作挍唐張參五經文字手部云挍經典及釋文以爲比挍字案于溥唐會要云天寶五載詔孝經書疏雖粗發明未能該備今更敷暢以廣闕文令集賢院寫頒中外又唐書元行沖傳稱元宗自注孝經詔行沖爲疏立於學宮即序所謂今存於疏用廣發揮者也宋會要咸平三年三月命祭酒邢昺等取元行沖疏約而脩之四年九月以獻崇文總目孝經正義三卷邢昺撰咸平中奉詔據元氏本而增損焉然則是疏即據行沖書爲藍本其所增損者今亦無從辨別矣

成都府學主鄉貢傳注 奉右撰 此十二字在第十行低字半閩本監本在第九行低一字毛本改入序文即今京兆石臺孝經是也之下案秀水朱彝尊經義考云按孫奭序戍作成都府學主鄉貢傳注奉右撰

以明君臣父子之行所寄 諸善浦鏜正譌云寄當冀字誤案寄字不誤浦鏜所寄爲下讀因疑寄爲誤字浦鏜書不盡足據此類是也

雖備存祕府 閩本祕作秘案秘俗祕字後倣此

皇偘 閩本監本毛本作皇侃 偘俗侃字

播於國序 毛本於作于播

辨鄭注有十謬 閩本監本毛本辨作辯案張參五經文字云辯理也辨別也經典或通用之

乃自入分御札 閩本監本毛本札作札是也此本御字提行是宋刻舊式閩本監本承之毛本改接分字下

即今京兆石臺孝經是也 監本毛本臺作臺是也下倣此

孝經正義 此四字頂格諸本及篇末同

翰林侍講學士朝請大夫守國子祭酒上柱國賜紫金魚袋臣邢昺等奉勑校定 是銜在第二行第三行金字另提行此本以下不著閩本第二行但著宋邢昺註疏五字第三行墨釘與宋字並每卷同監本二三兩行刻校刊官銜首行孝經正義下著宋邢昺校四字毛本在第二行校作較後並同案較當作撰監本宋誤朱今改正

御製序并注 此本御字頂格閩本監本毛本低一格疏同監本注字加圈毛本作陰文石臺本唐石經註作注是也又案唐會要云開元十年六月上注孝經頒天下及國子學天寶二年五月上重注亦頒天下云云是注凡兩行正義但云開元十年而不及天寶五載非也

愽士江翁 毛本作博士是下倣此

少府后倉 毛本倉作蒼案漢書藝文志作倉儒林傳作蒼

相譚新論云 閩本監本毛本相作桓案作相避宋欽宗諱此翻宋十行本之證譚當作譚

古孝經千八百七十二字 案宋本古文孝經後記數云經凡一千八百一十言日本信陽太宰純所按僞古文孝經孔傳後記數云通計經一千八百六十一字

周書謚法 毛本謚作謚盧文弨鍾山札記云今本說文謚行之迹也从言兮皿闕徐鍇曰兮聲也謚笑皃从言益聲玉篇於謚下增一謚字云同上餘並同今說文余向於累行之字皆从兮从皿又證以玉篇以爲眞說文之舊矣段玉裁云五經文字謚謚二字音常利反上說文下字林字林以謚爲笑聲音呼益反今用上字處此說文作謚並不从兮从皿即字林以謚代謚亦未嘗增一从兮从皿之字此出近世所改从兮从皿實無義余以其言爲然從之案毛本作謚法非也下倣此

至順曰孝 案浦鏜云謚法解無此文

惣而言之 閩本惣作揔監本毛本作總案作揔轉寫之異當作總顧野王玉篇張參五經文字皆作總唐元度九經字樣揔字下云說文作總總典相承通用李文仲字鑑云俗作總揔非是

而爲孝事親常行 案正誤作孝爲是也

夫子隨而荅參 閩本監本毛本隨作隨後同荅毛本作荅閩本監本作答案作荅非也五經文字荅答字下云上說文下石經此荅本小豆之名對荅之荅本作畣經典及人間行此荅已久故不可改變下倣此

夫子刪緝前史 毛本緝作輯

而修春秋 監本修作脩案經典多作脩下倣此

按鉤命決云 此本誤决監本毛本作決案玉篇云决俗決字張參亦云作决訛下倣此

本非曾參請業而對也 此本作夲毛本作本下倣此

孰能非乎 正誤非作外

名教將絕 此本作絶毛本作絕是也下倣此

以爲對揚之躰 閩本監本毛本躰作體案玉篇云躰俗體字

非待也 正誤待下有問字是也

皆遇結道本荅曾子也 正誤道本作首章

必其主爲曾子言 此本主譌王今據閩本監本毛本改正

首章荅曾子已了 此本了誤子今據閩本監本毛本改正

何由不待曾子問 毛本由作由避明熹宗諱後同

更自述而脩之 正誤脩作明

且三起曾參侍坐與之別 正誤三作首別作言

故假言乘閒曾子坐也 正誤故作蓋

說之以終 正誤以作已案已以古多通用

故須更借曾子言 此本更誤吏據閩本監本毛本改正

揚雄之翰林子墨 毛本揚作楊案廣韻揚字注不言姓楊字注云姓出宏農天水二望本自周宣王子尚父幽王邑諸楊號曰楊侯後并於晉因爲氏漢書楊雄本傳云其先食采於楊因氏焉又云揚在河汾之間應劭曰左傳霍楊韓魏皆姬姓也楊今河東楊縣即楊侯國正誤云監本誤楊非也

經教發極 正誤極作拯

孔子以六藝題目不同 此本誤作日閩本監本毛本日改目是也

然入室之徒不 案不下脫一字

則凡聖無不孝也 毛本孝誤盡

龍逢 閩本監本逢作逄

孝以伯奇之名偏著 監本毛本以作已案當作已正誤云之當孝誤是也

德法者御民之本也 案大戴禮本作銜

內史太史 案今本大戴禮作大史內史

此御政之體也 閩本監本毛本體作禮此本作體與大戴禮合

諱隆著 閩本毛本著作基不誤

諡曰明孝皇帝 明字據毛本補

敘緒也 此本誤叙閩本毛本作敘是也下仿此

言非但製序 此本但誤旦今依閩本監本毛本改

案今俗所行孝經 文苑英華行作傳

而晉魏之朝 文苑英華唐會要作魏晉是也

有荀昶者 監本毛本作昺非

晉末以來 文苑英華唐會要作自齊梁已來

著作律令 文苑英華唐會要作作在是也

遭黨錮之事逃難 案此下當依文苑英華唐會要補注禮二字

鄭君卒後 唐會要君作元

有中候 此本誤侯依閩本監本毛本改作候

大傳 文苑英華唐會要作書傳是也

毛詩譜 閩本監本毛本譜作諸是也

許慎異議 文苑英華唐會要許上有駁字議作義是也

箴膏盲 監本毛本盲作肓是也

分授門徒 閩本監本毛本作分撰誤也文苑英華唐會要並作分授

各述所言 文苑英華唐會要所作師是也

更爲問荅 文苑英華唐會要作更相是也

唯載禮易論語 此本唯誤佳今依閩本監本毛本改文苑英華唐會要載下有詩書二字是也

趙商作鄭元碑銘 文苑英華唐會要元作先生

具載諸所注箋驗論 文苑英華唐會要載作稱諸作其驗作駁是也
晉中經薄 文苑英華唐會要薄作簿
尚書守候 閩本監本毛本守作中不誤唐會要文苑英華尚書字並重是也
則有評論 此本有誤者今改正
宋均詩譜序云 文苑英華均下有於字諸作譜唐會要亦有於字
我先師北海鄭司農 此本北誤比今改正
非元所注時明 監本毛本時作特文苑英華亦作特所上有之字唐會要惟注字作著
其所注皆無孝經 文苑英華唐會要其下有爲鄭元傳者載其七字
唯范氏書有孝經 監本范誤鄭文苑英華唐會要並無此七字
有司馬宣王奉詔 文苑英華唐會要王下有之奏云三字
而不言鄭 文苑英華而下有都字
好發鄭短 好發文苑英華唐會要作發揚
而肅無言 按禮記郊特牲正義引王肅難鄭云月令命民社鄭注云社后土也孝經注云社后土也句龍爲后土鄭既云社后土則句龍也是鄭自相違反然則王肅未嘗無言也六藝論序孝經云元又爲之注又孝經序云念昔先人餘暇述夫子之志而注孝經則鄭氏會注此經或成於後人之手未可知也非之者始於陸澄而極於劉子元此固無關乎異同因讀子元議附訂於此
辯論時事 監本時誤將文苑英華作論辨時事
未有一言孝經注者 文苑英華唐會要無者字言下有引字注上有之字
以此證驗 文苑英華唐會要以作凡是也
乘後謬說 文苑英華唐會要後作彼是也

此注獨行於世 文苑英華世作代
觀言語鄙陋義理乖謬 文苑英華言上有夫字謬作踈唐會要脫下四字
語甚詳正 諸本甚誤其據浦鏜正誤改
不被流行 文苑英華唐會要被作復
祕書學生王逸 文苑英華王下有孝字又注云一本生作士案唐會要作士
詳與著作王劭 唐會要文苑英華作字下有郎字
仍令校定 毛本校作挍避明熹宗諱全書皆然
至劉向以此參校古文 文苑英華唐會要此下有本字
定此一十八章 此本此誤比今改正文苑英華此下有爲字唐會要此爲二字倒誤
具載此注 文苑英華此上有此注而其序以鄭爲主是先達博選以十五字唐會要同序下有云字
無出孔壁 無唐會要文苑英華並作元
尚未見孔傳中朝遂亡其本 文苑英華唐會要尚未作有字是也
妄作傳學 文苑英華唐會要作妄作此傳是也
具禮矣 唐會要文苑英華矣下有乎字
然故者建下之辭 建下閩本監本毛本作逮下亦非文苑英華唐會要作逮上是也
是古人既沒 唐會要文苑英華並作是古文既亡
以應二十二之數 文苑英華唐會要之上有章字
非但經久不真 監本毛本久作文
又注用天之道分地之利 文苑英華作至注用天之時因地之利唐會要用改因及日本所刻僞孝經孔傳
脫之應功 文苑英華唐會要並作脫衣就功

暴其肌體 僞孝經孔傳作暴其髮膚

朝暮從事 僞孝經孔傳朝作旦

露髮徒足 僞孝經孔傳作露體塗足文苑英華亦作塗唐會要作跣足

少而習之其心安焉 僞孝經孔傳之作焉安作休

分別五土 此本土誤士今改正

欲取近儒詭說 文苑英華唐會要下有殘經缺傳四字

請准令式 唐會要作望請准式

孝經正義終

孝經序 唐石經此三字八分書

疏 此本疏字陽文加圈於外監本方圈閩本毛本陰文閩本作䟽監毛本作疏案疏䟽古今字唐人多作䟽

孝經注疏序校勘記 八

至於序未 閩本監本毛本未作末是也

凡有五叚 此本作叚閩本作段毛本作段案當作叚今依訂正下倣此

朕言惠可厎行 案當作厎顧炎武云五經無厎字皆是厎字今說文本厎字下有一畫誤字當從氏段玉裁云此說大誤厎訓柔石經傳多借訓爲致凡字書韻書皆無作厎少下一畫者惟唐石經刻五經文字广部底誤厎厂部厎致也不誤

目之不觀 閩本監本毛本觀作覩

中古末有釜甑 閩本監本毛本末作未是也

其風朴略者 閩本監本毛本略作畧案古畍略字皆田在左

因親於外親 浦鏜云因周禮作姻

大古帝皇之世 閩本監本毛本皇作王案作皇與曲禮注合

昔者明王之以孝理天下也 案經作治今作理避唐高宗諱

而況於公侯伯子男乎 唐石經此處殘闕

至形於四海 毛本於作于案經作于

公侯百子男 閩本監本毛本百作伯是也下百七十里同

公侯地方百里 案王制地作田

朕嘗三復斯言 岳本嘗作甞石臺本作常案作嘗是也

刑于四海 唐石經此處闕石臺本閩本監本毛本刑作形案正義曰案經作刑刑法也今此作形則形猶見也義得兩通無煩改字

無繁改字 監本毛本繁作煩

嗟乎夫子沒而微言絕 唐石經絕字殘闕石臺本岳本監本毛本作𢇍案作𢇍是也說文絕斷絲也从糸从刀从卩廣韻云絕斷也下倣此

孝經注疏序校勘記 九

異端起而大義乖 監本起作起案監本凡從走字多作赱

典藉散亾 閩本監本毛本藉作籍亾作亡是也

葬魯城北四上 閩本監本毛本四作泗是也

況泯絕於秦 石臺本泯作汦避所諱

爲周孝王養馬於汧謂之間也 閩本監本毛本謂作渭是

及非子之曾孫秦仲 監本秦仲誤秦伯下稱秦爲秦監本作稱秦爲秦亦非

按秦昭王四十八年 案史記按作以

王十四年 閩本監本毛本王作三不誤

亭千越進曰 閩本監本毛本亭作淳千閩監本作于是也

封子弟立功臣 案史記無立字
何以輔政哉 案史記輔政作相救
建萬世之所 案史記所作功是也
皆阬之咸陽 閩本監本毛本阬作坑下焚坑此本作焚阬案史記作阬坑俗阬字
不避風雨 正誤雨作則屬下讀
大收篇藉 閩本監本毛本藉作籍是也
出其交之所藏 閩本監本毛本交作父是也
沉其少 閩本監本毛本沉作况案當作況
左氏傳三千卷 閩本監本毛本千作十是
穀梁傳十一卷名赤魯人 案卷下當作穀梁子魯人名赤

十錄云 案十當作七
王吉善鄒民春秋 閩本監本毛本民作氏不誤
毛詩商詩 監本毛本商作韓是也
傳至大毛公名享 閩本監本享作亨案當作亨
萇名置其篇 閩本監本毛本名作各是
傳夏侯始昌 閩本監本毛本傳作傳是
昌授后蒼韋 毛本韋作韮案韮俗韋字
以經爲訓話教之 閩本監本毛本話作詁是
近觀孝經舊註 石臺本唐石經註作注案漢唐宋人經注之字從無作註者賈公彥儀禮疏云言注者注義於經下若水之注物是也下倣此惟記注字從言不從言如左傳敘諸所記註服虔通俗文記物曰註張揖

廣雅云註識也是也
踳駁尤甚 閩本踳作踳亦非正義並同石臺本唐石經岳本監本毛本作踳是也駁石臺本唐石經本岳本作駮
虞槃佑 正誤佑作佐從隋唐志按
賀場 案場當作瑒瑒字德璉南史有傳
其古文出自孔氏壞壁 閩本監本毛本壁作壁是也
其上室之名 閩本監本毛本上作十是也
必自擅開門戶窻牖矣 毛本窻作窓監本作窻並非下倣此
必騁殊軌轍 下同 石臺本唐石經岳本閩本毛本轍作轍不誤
而回睦若乎後耳 閩本監本毛本睦作瞠是也正誤耳作矣

小道謂小道而有成德者也 案上道字當作成諸本並誤
唯行小道華辯 閩本監本毛本辯作辨
言惡乎有而不可 監本毛本有作存案莊子作存
此文與改同 閩本監本毛本改作彼是也
唯榮華作僞 閩本監本毛本作下有浮字案序文當有
不爲義列 監本毛本列作例是也
例則馬融亦謂之傳 浦鏜云例當何字誤下疑有脫文
虞翻 岳本作翻與今本三國志同下同
事吳 閩本監本毛本事作仕是也
爲老子命語國語 案命當作論

炫自陳於內史 閩本監本毛本作史此本誤吏今改正

乞送吏部 案隋書本傳送下有詣字

雖義有精麤 閩本監本毛本麤作粗案當作麤

用功頗少 案隋書作差少

未嘗舉手 案隋書舉作假

傳覽無所不知 閩本毛本傳作傅是也

請文藏祕書 案齊書本傳文作不書作省是也

易行上繫荷 閩本監本毛本上作止荷作苛案周禮鄭注作去煩苛

鍇侯 閩本監本毛本鍇作諸不誤

聦字分強 正誤強作彊

志在殷勤垂訓 毛本勤改懃案殷勤亦作慇懃

此言必順作疏之義也 浦鏜云順當須字誤是也

孝經注疏序校勘記終

新建生員杜鰲校

孝經注疏卷一校勘記

阮元撰盧宣旬摘錄

孝經注疏卷第一

開宗明義章第一 熙寧石刻不載分章此本此行在第二行頂格疏另提行亦頂格閩本監本在第四行毛本在第三行並低一格疏文接第一字下提行處低二格後章並同鄭注本無第一第二等字釋文可證

以此章總標 監本毛本作摽案作標不誤下摽其同

樂敬竟爲一章 案今本說文作樂曲盡爲竟

即夫孝始於事親也 閩本毛本作即夫是也

揚名之上 正誤上作丧

因諫爭之臣 閩本監本毛本爭作諍案玉篇云爭諫也或作諍

即忠於事君也 案忠當作中

言孝子事親之道紀也 正誤紀作終

自標己字 監本毛本摽作標是也案己當作已

徽在既往廟見 案廟乃庿之譌閩本監本毛本作廟

蓋以孔子生而汙頂 監本毛本汙作汚案史記孔子世家作圩宋翔鳳謂圩音烏窊也白虎通姓名篇云孔子首類尼邱山蓋中低而四旁高如屋宇之反則作圩是也

而劉獻述張禹之義 監本毛本獻作巘案宋欽宗諱桓兼避丸嶽洹等字此作巘承避宋諱故也

又以卯爲娶 監本毛本娶作聚

宋閔公 正誤閔作襄是也

右文孝經云 閩本監本毛本右作古不誤

曲禮有侍坐於先生閩本監本毛本作先此本誤作今改正

言先代聖德之生監本毛本生作王石臺本岳本作主

汝知之乎岳本汝作女鄭注本同此正義本則作汝字

曾子避席曰鄭注本避作辟用假借字與此本不同

敏達也石臺本岳本閩本毛本達作達達從幸得聲幸音他葛反作達非也下仿此

夫孝德之本也石臺本唐石經宋熙寧石刻本作夲石臺本注同案說文作夲五經文字云經典相承從隸省作本後同

人之行莫大於孝案正義云此依鄭注據釋文注人上有夫字是明皇所删也

吾語汝岳本汝作女

參性不聰敏閩本聰字模糊監本毛本作聰俗字

云教之所生也者案正誤生上補由字是也

以一管衆爲要浦鏜云下當脫參曾至之義○正義曰九字案下文劉炫疑正義二字之譌盧文弨挍本下補此依劉注也五字

性未達何足知

然性未達案然當言字之譌

已當全而歸之石臺本岳本已作己是也

揚名於後世唐石經世作廿避唐太宗諱

光顯其親石臺本岳本顯作顕案正義亦作顕

言能至其後閩本監本毛本其作爲案注當作爲

末示其跡閩本監本毛本末作未是也

是終於立身正誤身下補也字是也

無念爾祖鄭注本作毋念左傳文二年趙成子引詩同此正義本則作無念

常述脩其功德也正誤常作當

即言句曰武曰閩本亦誤句監本毛本作勺是也

天子章第二

故標居其首監本毛本摽作標

亦曰天子正誤亦作故是也

敬親者宋熙寧石刻敬作𢾺避宋翼祖諱

刑于四海鄭注本刑作形此正義本則作刑于字監本毛本改於

柰何不敬閩本監本毛本柰作奈案柰木果名假借爲柰何字俗作奈詞非也

沈宏云浦鏜云按陸氏注解傳述人當袁宏之誤

溫凊搔摩閩本監本毛本凊作清是也

肅肅悚慄閩本監本毛本慄改悚

王者並相通否案王宜作五

反相通也正誤反作互

而言德教加於百姓毛本於作于下同案經作於

不假自保守也浦鏜云自疑言字誤案當作言

云則德教加於天下者毛本於改于

案周禮記爾雅正誤記上補禮字

揚之水云或作楊閩本監本毛本楊作揚案詩王風揚之水釋文

義當易意則引易毛本義作意非

止

孝經注疏卷第二

諸侯章第三

疏 正義曰次天子之貴者諸侯也案釋詁云公侯君也不曰諸公者嫌涉天子三公也故以其次稱爲諸侯猶言諸國之君也皇侃云以侯是五等之第二下接伯子男故稱諸侯今不取也

在上不驕高而不危 諸侯列國之君貴在人上可謂高矣而能不驕則免危也

制節謹度滿而不溢 費用約儉謂之制節慎行禮法謂之謹度無禮爲驕奢泰爲溢

高而不危所以長守貴也滿而不溢所以長守富也富貴不離其身然後能保其社稷而和其民人 列國皆有社稷其君主而祭之言富貴常在其身則長爲社稷之主而人自和平也

蓋諸侯之孝也

疏 在上至孝也○正義曰夫子前述天子行孝之事已畢次明諸侯行孝也言諸侯在一國臣人之上其位高矣高者危懼若不能以貴自驕則雖處高位終不至於傾危也積　國之賦稅其府庫充滿矣若制立節限慎守法度則雖充滿而不至盈溢也滿謂充實溢謂奢侈書稱位不期驕祿不期侈是知貴不與驕期而驕自至富不與侈期而侈自來言諸侯貴爲一國人上富有一國之財故宜戒之也又覆述不危不溢之義言居高位而不傾危所以常守其貴財貨充滿而不盈溢所以長守其富使富貴長久不去離其身然後乃能安其國之社稷而協和所統之臣人謂社稷以此安臣人以此和也言此上所陳蓋是諸侯之行孝也皇侃云民是廣及無知人是稍識仁義即府史之徒故言民人明遠近皆和悅也援神契云諸侯行孝曰度言奉天子之法度得不危溢是榮其先祖也○注諸侯至危也○正義曰云諸侯列國之君者經典皆謂天子之國爲王國諸侯之國爲列國詩云思皇多士生此王國則天子之國也左傳魯孫叔豹云我列國也鄭子產云列國　同是諸侯之國也列國者言其國君皆以爵位尊卑及土地大小而敘列爲五等皆然云貴在人上可謂高矣者言諸侯貴在一國臣人之上其位高也云而能不驕則免危也者言其爲國以禮能不陵上慢下則免傾危也○注費用至爲溢○正義曰云費用約儉謂之制節者此依鄭注釋制節也謂費國之財以供己用每事儉約不爲華侈則論語道千乘之國云節用而愛人是也云慎行禮法謂之謹度者此釋謹度也言不可奢僭當須慎行禮法無所乖越動合典章皇侃云謂宮室車旗之類皆不奢僭也無禮爲驕奢泰爲溢者皆謂華侈放恣也前未解驕今於此注與溢相對而釋之言無禮謂陵上慢下也皇侃云在上不驕以戒貴應云居財不奢以戒富若云制節謹度以戒富亦應云制節謹身以戒貴此不例者互其文也但驕由居上故戒貴云在上溢由無節故戒富云制節也○注列國至平也○正義曰列國已具上釋云皆有社稷者韓詩外傳云天子大社東方青南方赤西方白北方黑中央黃土若封四方諸侯各割其方色土苴以白茅而與之諸侯以此上封之爲社明受於天子也社則土神也經典所論社稷皆連言之皇侃以爲稷五穀之長亦爲土神據此稷亦社之類也言諸侯有社稷乃有國無社稷則無國也云其君主而祭之者案左傳曰君人者社稷是主社稷因地故以列國言之祭必由君故以其君言之云言富貴常在其身者此依王注釋富貴不離其身也則長爲社稷之主者釋保其社稷也云而人自和平也者釋而和其民人也然經上文先貴後富言因貴而富也下覆之富在貴先者此與易繫辭崇高莫大乎富貴老子云富貴而驕皆隨便而言之非富合先於貴也經傳之言社稷多矣案左傳曰共工氏之子曰句龍爲后土后土爲社有烈山氏之子曰柱爲稷自夏以上祀之周棄亦爲稷自商以來祀之言句龍柱棄配社稷而祭之即句龍柱棄非社稷也又祭法云稷壇在社西俱北鄉並列同營共門茲如絛之說

詩云戰戰兢兢如臨深淵如履薄冰 戰戰恐懼兢兢戒慎臨深恐墜履薄恐陷義取爲君恒須戒慎

疏 詩云至薄冰○正義曰夫子述諸侯行孝終畢乃引小雅小旻之詩以結之言諸侯富貴不可驕溢常須戒懼故戰戰兢兢常如臨深履薄也○注戰戰至戒懼○正義曰此依鄭注也案毛詩傳云戰戰恐也兢兢戒也此注恐下加懼戒下加慎足以圓文也云臨深恐墜履薄恐陷者亦毛詩傳文也恐墜謂墜入深淵不可復出恐陷謂沒在冰下不可拯濟也云義取爲君常須戒慎者引詩大意如此

卿大夫章第四

疏 正義曰次諸侯之貴者即卿大夫焉說文云卿章也白虎通云卿之爲言章也章善明理也大夫之爲言大扶扶進人者也故傳云進賢達能謂之卿大夫王制云上大夫卿也又典命云王之卿六命其大夫四命則爲卿與大夫異

也今進言者以其行同也

非先王之法服不敢服 服者身之表也先王制五服各有等差言卿大夫遵守禮法不敢僭上偪下 非先王之法言不敢道非先王之德行不敢行 法言謂禮法之言德行謂道德之行若言非法行非德則虧孝道故不敢也 是故非法不言非道不行 言必守法行必遵道 口無擇言身無擇行 言行皆遵法道所以無可擇也 言滿天下無口過行滿天下無怨惡 禮法之言焉有口過道德之行自無怨惡 三者備矣然後能守其宗廟 三者服言行也禮卿大夫立三廟以奉先祖言能備此三者則能長守宗廟之祀 蓋卿大夫之孝也【疏】非先王至孝也○正義曰夫子述諸侯行孝之事終畢次明卿大夫之行孝也言大夫委質事君學以從政立朝則接對賓客出聘則將命他邦服飾言行須遵禮典非先王禮法之衣服則不敢服之於身若非先王禮法之言辭則不敢道之於口若非先王道德之景行亦不敢行之於身就此三事之中言行尤須重慎是故非禮法則不言非道德則不行所以口無可擇之言身無可擇之行也使言滿天下無口過行滿天下無怨惡服飾言行三者無虧然後乃能守其先祖之宗廟蓋是卿大夫之行孝也援神契云卿大夫行孝曰譽蓋以聲譽爲義謂言行布滿天下能無怨惡遐邇稱譽是榮親也舊說云天子諸侯各有卿大夫此章既云言行滿於天下又引詩云夙夜匪懈以事一人是舉天子卿大夫也天子卿大夫尚爾則諸侯卿大夫可知也○注服者至偪下○正義曰服者身之表也者此依孔傳也左傳曰衣身之章也彼注云章貴賤言服飾所以章其貴賤章則表之義也云先王制五服各有等差者案尚書皋陶篇曰天命有德五服五章哉孔傳云五服天子諸侯卿大夫士之服也尊卑采章各異是有等差也云言卿大夫遵守禮法不敢僭上偪下者僭上謂服飾過制僭擬於上也偪下謂服飾儉固偪迫於下也卿大夫言必守法行必遵德服飾須合禮度無宜僭偪故劉炫引禮證之曰君子上不僭上下不偪下是也又案尚書益稷篇稱命禹曰予欲觀古人之象日月星辰山龍華蟲作會宗彝藻火粉米黼黻絺繡以五采章施於五色作服汝明孔傳曰天子服日

月而下諸侯自龍衮而下至黼黻七服藻火大夫加粉米上得兼下下不得僭上此古之天子冕服十二章以日月星辰及山龍華蟲六章畫於衣衣法於天畫之爲陽也以藻火粉米黼黻六章繡之於裳裳法於地繡之爲陰也日月星辰取照臨於下山取興雲致雨龍取變化無窮華蟲謂雉取耿介藻取文章火取炎上以助其德粉取絜白米取能養黼取斷割黻取背惡鄉善皆爲百王之明戒以益其德諸侯自龍衮而下八章也四章畫於衣四章繡於裳大夫藻火粉米四章也二章畫於衣二章繡於裳孔安國蓋約夏殷章服爲說周制則天子冕服九章象陽之數極也案鄭注周禮司服稱至周而以日月星辰畫於旌旗所謂三辰旂旗昭其明也又云登龍於山登火於宗彝尊其神明也古文以山爲九章之首火在宗彝之下周制以龍爲九章之首火在宗彝之上是登龍於山登火於宗彝也又案司服云王祀昊天上帝則服大裘而冕祀五帝亦如之享先王則衮冕享先公饗射則鷩冕祀四望山川則毳冕祭社稷五祀則絺冕羣小祀則玄冕而冕服九章也又案鄭注九章初一曰龍次二曰山次三曰華蟲次四曰火次五曰宗彝皆畫以爲繢次六曰藻次七曰粉米次八曰黼次九曰黻皆絺以爲繡則衮之衣五章裳四章凡九也鷩畫以雉謂華蟲也其衣三章裳四章凡七章毳畫虎蜼謂宗彝也其衣三章裳二章凡五也絺刺粉米無畫也其衣一章裳二章凡三也玄者衣無文裳刺黻而已是以謂玄焉凡冕服皆玄衣纁裳又案司服公之服自衮冕而下如王之服侯伯之服自鷩冕而下子男之服自毳冕而下卿大夫之服自玄冕而下士之服自皮弁而下如大夫之服則周自公侯伯子男其服之章數又與古之象服差矣○注法言至敢也○正義曰法言謂禮法之言者此則論語云非禮勿言是也云德行謂道德之行者即論語云志於道據於德是也若言非法行非德者即王制云言僞而辯行僞而堅是也云則虧孝道故不敢也者釋所以不敢之意也○注言必至遵道○正義曰此依正義爲非法不言非道不行也○注言行至擇也○正義曰言不守禮法行不遵道德皆已而法之經言無擇謂令言行無可擇也○注禮法至怨惡○正義曰口有過惡者以言之非禮法行有怨惡者以所行非道德也若言必守法行必遵道則口無過怨惡無從而生○注三者至之祀○正義曰云三者服言行者也此謂法服法言德行也然言之與行君子所最謹出己加人發邇見遠出言不善千里違之其行不善譴辱斯及故首章一敘不毀而再敘立身此章一舉法服而三復言行也則知表身者以言行不虧不毀猶易立身難備也皇侃云初陳教本故舉三事服在身

外可見不假多戒言行出於内府難明必須備言最於後結宜應揔言謂人相見先觀容飾次交言辭後謂德行故言三者以服爲先德行爲後也云禮卿大夫立二廟者義見末章云以奉先祖者謂奉事其祖考也云言能備此三者則能長守宗廟之祀者謂卿大夫若能備服飾言行故能守宗廟也

詩云夙夜匪懈以事一人 夙早也懈惰也義取爲卿大夫能早夜不惰敬事其君也

疏 詩云至一人○正義曰夫子既述卿大夫行孝終畢乃引大雅烝民之詩以結之言卿大夫當早起夜寐以事天子不得懈惰匪猶不也○注夙夜至君也○正義曰夙早也釋古文懈惰也釋言文云義取爲卿大夫能早夜不惰者引詩大意如此云敬事其君也者釋以事一人不言天子而言君者欲通諸侯卿大夫也

士章第五

疏 正義曰次卿大夫者即士也案說文曰數始於一終於十孔子曰推一合十爲士毛詩傳曰士者事也白虎通曰士者事也任事之稱也故禮辨名記曰士者任事之稱也傳曰通古今辯然不然謂之士

資於事父以事母而愛同資於事父以事君而敬同 資取也言愛父與母同敬父與君同 故母取其愛而君取其敬兼之者父也 言事父兼愛與敬也 故以孝事君則忠 移事父孝以事於君則爲忠矣 以敬事長則順 移事兄敬以事於長則爲順矣 忠順不失以事其上然後能保其祿位而守其祭祀 能盡忠順以事君長則常安祿位永守祭祀 蓋士之孝也

疏 資於至孝也○正義曰夫子述卿大夫行孝之事終次明士之行孝也言士始升公朝離親入仕故此敘事父之愛敬宜均事母與事君以明割恩從義也資者取也取於事父之行以事母則愛父與愛母同取於事父之行以事君則敬父與敬君同母之於子先取其愛君之於臣先取其敬皆不奪其性也若兼取愛敬者其惟父乎既說愛敬取捨之理遂明出身入仕之行故者連上之辭也謂以事父之孝移事其君則爲忠矣以事兄之敬移事於長則爲順矣長謂公卿大夫言其位長於士也又言事上之道在於忠順二者皆能不失則可事上矣上謂君與長也言以忠順事上然後乃能保其祿秩官位而長守先祖之祭祀蓋士之孝也援神契云士行孝曰究以明審爲義當須能明審資親事君之道是能榮親也白虎通云天子之士獨稱元士蓋士賤不得體君之尊故加元以別於諸侯之士也此直言士則諸侯之士前言大夫是戒天子之大夫諸侯之大夫可知也此章戒諸侯之士則天子之士亦可知也○注資取至君同○正義曰云資取也此依孔傳也案鄭注表記考工記並同訓資取也云言愛父與母同敬父與君同者謂事母之愛事君之敬並同於父也愛之與敬俱出於心君以尊高而敬深母以鞠育而愛厚劉炫曰夫親至則敬不極此情親而恭也尊至則愛不極此心敬而恩殺也故敬極於君愛極於母梁王云天子章陳愛敬以辨化也此章陳愛敬以辨情也○注言事至敬也○正義曰此依王注也劉炫曰母親至而尊不至豈則尊之不極也君尊至而親不至豈則親之不極也惟父既親且尊故曰兼也劉瓛曰父情天屬尊無所屈故愛敬雙極也○注移事至忠矣○正義曰此依鄭注也揚名章云君子之事親孝故忠可移於君是也舊說云入仕本欲安親非貪榮貴也若用安親之心則爲忠也若用貪榮之心則非忠也嚴植之曰上云君父敬同則忠孝不得有異言以至孝之心事君必忠也○注移事至順矣○正義曰此依鄭注也下章云事兄悌故順可移於長注不言悌而言敬者順經文也左傳曰兄愛弟敬又曰弟順而敬則知悌之與敬其義同焉尚書云邦伯師長安國曰衆長公卿也則知大夫已上皆是上之長○注能盡至祭祀○正義曰謂能盡忠順以事君長則能保其祿位也祿謂廩食位謂爵位廣雅曰位涖也涖下爲位王制云上農夫食九人謂諸侯之下士視上農夫中士倍下士上士倍中士祭者際也人神相接故曰際也祀者似也謂祀者似將見先人也士亦有廟經不言耳大夫既言宗廟士可知也士言祭祀則大夫之祭祀亦可知也皆互以相明也諸侯言保其社稷大夫言守其宗廟士則保守並言者皇侃云稱保者安鎮也守者無近也社稷祿位是公故言保宗廟祭祀是私故言守也士初得祿位故兩言之也

詩云夙興夜寐無忝爾所生 忝辱也所生謂父母也義取早起夜寐無辱其親也

疏 詩云至所生○正義曰夫子述士行孝畢乃引小雅小宛之詩以證之也言士行孝當早起夜寐無辱其父母也○注忝辱至親也○正義曰云忝辱也釋言文所生謂父母也下章云父母生之是也云義取早起夜寐無辱其親也者亦引詩之大意也

卷終

孝經注疏卷二校勘記　阮元撰盧宣旬摘錄

孝經注疏卷第二

諸侯章第三

諸諸列國之君 石臺本岳本閩本監本毛本下諸字作侯是也

奢泰爲溢 監本泰作泰案張參五經文字云從夲者訛

然後能保其社稷 案臧琳云儀禮鄉射禮挾弓矢而后下射注古文而后作後非也孝經說然后曰后者後也當從后釋曰孝經援神契說孝經然後能保其社稷之等皆作后世所行唐明皇注本稱爲今文而然後能保其社稷之等皆作後不作后蓋依古文改之也

而和其民人 石臺本民作巳避唐太宗諱

則長爲社稷之主 毛本長誤常

所以當守其貴 閩本監本毛本當作常案經作長

仁是稍識仁義 閩本監本毛本上仁字作人案當作人

皆謂華侈族恣也 閩本監本毛本族作放不誤毛本謂作爲非也

苴以白茸而與之 監本毛本下苴字作茅是也

共工氏之子曰勾龍 案左傳之作有

如臨深淵 石臺本唐石經淵作渊避唐高祖諱

臨深恐墜 鄭注本作隊此正義本則作墜案隊墜古今字

履薄恐陷 監本陷作陥亦非正義並同石臺本岳本毛本作陷是也

恒須戒懼 石臺本岳本懼作愼案正義亦云義取爲君常須戒愼此注及疏標起止作戒懼非也

臨深恐薄墜履浮恐陷者 閩本監本毛本薄墜履浮作墜履薄是也

卿大夫章第四

非先王之法服不敢服 石臺本法作灋案灋法古今字

言卿大夫遵守禮法 石臺本法作灋自此以下注文皆作法

然後能守其宗廟 釋文云本或作庿此正義本則作廟案說文云庿古文廟字

七服藻火 案七當作士

所謂三辰旂旗 監本旂作旃是也

祭社稷五祀則絺冕 案周禮絺作希注云讀爲黹或作絺字之誤也

皆畫以爲績 閩本毛本績作續是也

凡七章 案上下文作几幾也此處亦不應作章

毳畫虎蜼 閩本監本毛本蜼作雖是也

元者衣無衣 正誤下衣作文是也

此依正義 浦鏜云正疑王字誤案浦說是也

後謂德行 正誤謂作論

懈惰也 石臺本作墮下同案華嚴音義上引作懈墮也與石臺本合

言卿大夫當早起夜寐 監本毛本寐作寐是也

釋古文 閩本監本毛本古作詁是也

懈惰也釋言文 閩本監本毛本作情也此本誤惰世今改正案今爾雅釋言惰作怠

士章第五

惟一卷十爲士 毛本惟作推卷作合案毛本是也

故禮辨名記曰 閩本監本毛本辨作辯下今辨同案禮記月令孟夏正義引作辨名記白虎通

作别名記

言事父非愛與敬也 石臺本岳本閩本監本毛本非作兼不誤

又言事上之道 監本上作主亦誤閩本毛本作上

故愛敬双極也 閩本監本双作雙毛本作雙案毛本是也

廣雅曰位涖也 正誤云廣雅作涖蒞也案蒲鏜所據乃俗本不知位涖取同聲之字爲訓王念孫廣雅疏證云各本涖下脫去也字遂與下條合而爲一孝經正義可據也

孝經注疏卷二校勘記終

新建生員杜鰲挍

孝經注疏卷第三

庶人章第六

邢昺注疏

【疏】正義曰庶者衆也謂天下衆人也皇侃云不言衆民者兼包府史之屬通謂之庶人也嚴植之以爲士有員位人無限極故士以下皆爲庶人

用天之道春生夏長秋斂冬藏舉事順時此用天道也**分地之利**分別五土視其高下各盡所宜此分地利也**謹身節用以養父母**身恭謹則遠恥辱用節省則免飢寒公賦既充則私養不闕**此庶人之孝也**庶人爲孝唯此而已

【疏】用天至孝也○正義曰夫子上述士之行孝已畢次明庶人之行孝也言庶人服田力穡當須用天之四時生成之道也分地五土所宜之利謹愼其身節省其用以供養其父母此則庶人之孝也援神契云庶人行孝曰畜以畜養爲義言能躬耕力農以畜其德而養其親也○注春生至道也○正義曰云春生夏長秋斂冬藏者此依鄭注也爾雅釋天云春爲發生夏爲長嬴秋爲收成冬爲安寧安寧卽藏閉之義也云舉事順時此用天之道也者謂舉農畝之事順四時之氣春生則耕種夏長則耘苗秋收則穫刈冬藏則入廩也○注分別至利也○正義曰云分別五土視其高下者此依鄭注也案周禮大司徒云五土一曰山林二曰川澤三曰丘陵四曰墳衍五曰原隰謂庶人須能分別視此五土之高下隨所宜而播種之則職方氏所謂靑州其穀宜稻麥雍州其穀宜黍稷之類是也云各盡其所宜此分地利也者此依孔傳也劉炫云黍稷生於陸菰稻生於水○注身恭至不闕○正義曰云身恭謹則遠恥辱者語論曰恭近於禮遠恥辱也云用節省則免飢寒者用謂庶人衣服飮食喪祭之用當須節省禮記曰食節事時又曰庶人無故不食珍及三年之耕必有一年之食九年耕必有三年之食以三十年之通雖有凶旱水溢民無菜色是免飢寒也云公賦既充則私養不闕者自上稅下之名也謂常省節財用公家賦稅充足而私養父母不闕乏也孟子稱周人百畝而徹其實皆什一也劉熙注云家耕百畝徹取十畝以爲賦也又云公事畢然後敢治私事是也○注庶人至而已○正義曰此依魏注也案天子諸侯卿大夫士皆言蓋而庶人獨言此注釋言此之意也謂天子至士孝行廣大其章略述宏綱所以言蓋也庶人用天分地謹身節用其孝行已盡故曰此言惟此而已庶人不引詩者義盡於此無贅諸也

故自天子至於庶人孝無終始而患不及者未之有也始自天子終於庶人尊卑雖殊孝道同致而患不能及者未之有也言無此理故曰未有

【疏】故自至有也○正義曰夫子述天子諸侯卿大夫士庶人行孝畢於此總結之則有五等尊卑雖殊至於奉親其道不別故從天子已下至於庶人其孝道則無終始貴賤之異也或有自患已身不能及於孝未之有也自古及今未有此理蓋是勉人行孝之辭也○注始自至未有○正義曰云始自天子終於庶人者謂五章以天子爲始庶人爲終也云尊卑雖殊孝道同致者謂天子庶人尊卑雖別至於行孝其道不殊天子須愛親敬親諸侯須不驕不溢卿大夫於言行無擇士須資親事君庶人謹身節用各因心而行之斯至豈藉創物之智扛鼎之力若率強之無不及也云而患不能及者未之有也者此謂人無貴賤尊卑行孝之道同致若各率其已分則皆能養親言患不及於孝者未有也說孝道包含之義廣大塞乎天地橫乎四海經言孝無終始謂難備終始但不致毀傷立身行道安其親忠於君一事可稱則行成名立不必終始皆備也此言行孝甚易無不及之理故非孝道不終始致必及之患也云言無此理故曰未有者此釋未之有之意也謝萬以爲無終始恒患不及未之有者少賤之辭也劉瓛云禮不下庶人若言我賤而患行孝不及已者未之有也此但得憂不及之理而失於歎少賤之義也鄭曰諸家皆以爲患及身今注以爲自患不及將有說乎答曰案說文云患憂也廣雅曰患惡也又若案注說釋不及之義凡有四焉大意皆謂有患貴賤行孝無及之憂非以患爲禍也經傳之稱患者多矣論語不患人之不已知又曰不患無位又曰不患寡而患不均左傳曰宣子患之皆是憂惡之辭也惟蒼頡篇謂患爲禍孔鄭韋王之學引之以釋此經故皇侃曰無始有終謂改悟之善惡禍何必及之則無始之言已成空設也禮祭義曾子說孝曰衆之本教曰孝其行曰養養可能也敬爲難敬可能也安爲難安可能也卒爲難父母既沒愼行其身不遺父母惡名可謂能終矣夫以曾參行孝親承聖人之意至於能終孝道尚以爲難則寡能無識固非所企也今爲行孝不終禍患必及此人偏執詎謂經通鄭曰書云天道福善禍淫又曰惠迪吉從逆凶惟影響斯則必有災禍何得稱無也答曰來問指淫凶悖慝之倫經言戒不終善美之輩論語曰今之孝者是謂能養曾子曰參直養者也安能爲孝乎又此章云以養父母此庶人之孝也儻有能養

而不能終只可未爲具美無宜創同涅慝也古今凡庸詐識
孝道但使能養安知始終若今皆及於災便是比屋可貽禍
矣而當朝通識者以爲鄭注非誤故謝萬云言爲人無終始
者謂孝行有終始也患不及者謂用心憂不足也能行如此
之善曾子所以稱難故鄭注云善未有也諦詳此義將謂不
然何者孔聖垂文包於上下盡力隨分寧限高卑則因心而
行無不及也如依謝萬之說此則常情所昧矣子夏曰有始
有卒者其惟聖人乎若施化惟待聖人千載方期一遇加於
百姓刑於四海乃爲虛說者與制有曰嗟乎孝之爲大若天
之不可逃也地之不可遠也朕窮五孝之說人無貴賤行無
終始未有不由此道而能立其身者然則聖人之
德豈云遠乎我欲之而斯至何患不及於已者哉

三才章第七

疏 正義曰天地謂之二儀兼人謂之三才曾子見夫子陳
說五等之孝既畢乃發歎曰甚哉孝之大也夫子因其
歎美乃爲說天經地義人行之事可
教化於人故以名章次五孝之後

曾子曰甚哉孝之大也 參聞行孝無限高卑始知孝之爲大也 子曰

夫孝天之經也地之義也民之行也 經常也利物爲義孝爲百行之首人之常德若三辰運天而有常五土分地而爲義也 天地之經而民是則之 天有常明地有常利言人法則天地亦以孝爲常行也 則天之明因地之利以順天下是以其教不肅而成其政不嚴而治 法天明以爲常因地利以行義順此以施政教則不待嚴肅而成理也

疏 曾子曰至而治○正
義曰夫子述上從天子下至庶人五等之孝後摠以結之語
勢將畢欲以更明孝道之大無以發端特假曾子歎孝之大
更以彌大之義告之也曰夫孝天之經地之義民之行經常
也人生天地之間稟天地之氣節人之所法是天地之常義
也聖人司牧黔庶故須則天之常明因依地之義利以順行
於天下是以其爲教也不待肅戒而成也其爲政也不假威
嚴而自理也○注參聞至大也○正義曰高謂天子卑謂庶
人言曾參既聞夫子陳說天子庶人皆當行孝始知孝之爲
大也○注經常至義也○正義曰云經常也利物爲義者經
常即書傳通訓也易文言曰利物足以和義是利物爲義也

云孝爲百行之首人之常德者鄭注論語云孝爲百行之本
言人之爲行莫先於孝案周易曰常其德貞是人所常德
也云若三辰運天謂日月星以時運轉於天釋名云土者吐
也言吐生萬物周禮五土十地之利言孝爲百行之首是人
生有常之德若日月星辰運行於天而有常山川原隰分別
土地而爲利則知貴賤雖別必資孝以立身皆貴法則於天
地然此經全與左傳鄭子大叔荅趙簡子問禮同其異一兩
字而已明孝之與禮其義同○注天有至行也○正義曰云
天有常明者謂日月星辰明臨於下紀於四時人事則之以
夙興夜寐無忝爾所生故下文云則天之明也云地有常利
者謂山川原隰動植物産人皆因之以晨羞夕膳也色養無
違故下文云因地之利也此皆人能法則天地以爲孝行者
故云亦以孝爲常行也上云天之經地之義此云天地之經
而不言義者爲地有利物之義亦是天常也若分而言之則
爲義合而言之則爲常也○注法天至理也○正義曰云法
天明以爲常因地利以行義者上文云夫孝天之經地之義
者故云法天明以爲常釋天之明也因地利以爲義釋地之
利也云順此以施政教則不待嚴肅而成理也者經云其教
不肅而成其政不嚴而治注則以政教相就而明之嚴肅相
迹而釋之從便宜省也制旨曰天無立極之統無以常其明

地無立極之統無以常其 元缺十字 利人
無立身之本無以常其德然則三辰迭運而一以經之者天
利之性也五土分植而以宜之者大順之理也百行殊塗
而致之者大中之要也夫愛始於和而敬生於順是以因
和以教愛則易知而有親因順以教敬則易從而有功愛敬
之化行而禮樂之政備矣聖人則天之明以爲經因地之利
以行義故能不待嚴肅而成可久可大之業焉

先王見教之可以化民也 見因天地教化人之易也 是故先之以博愛而民莫遺其親 君愛其親則人化之無有遺其親者 陳之於德義而民興行 陳說德義之美爲衆所慕則人起心而行之 先之以敬讓而民不爭 君行敬讓則人化而不爭 導之以禮樂而民和睦 禮以檢其跡樂以正其心則和睦矣 示之以好惡而民知禁 示好以引之示惡以止之則人知有禁令不敢犯也

疏 先王至知禁○正義曰言先王見因天地之常不肅不嚴之政教
可以率先化下人也故須身行博愛之道以率先之則人漸

其風教無有遺其親者於是陳說德義之美以順教誨人則人起心而行之也先王又以身行敬讓之道以率先之則人漸其德而不爭競也又導之以禮樂之教正其心迹則人被其教自和睦也又示之以好者必愛之惡者必討之則人見之而知國有禁也○注見因至易也○正義曰此依鄭注也言先王見天明地利有益於人因之以施化行之甚易也○注君愛至親者○正義曰此依王注也言君行博愛之道則人化之皆能行愛敬無有遺忘其親者卽天子章之愛敬盡於事親而德教加於百姓是也○注陳說至行之○正義曰易稱君子進德脩業又論語云義以爲質又左傳說趙衰薦郤縠云說禮樂而敦詩書詩書義之府也禮樂德之則也德義利之本也且德義之利是爲政之本也言大臣陳說德義之美是天子所重爲羣情所慕則人起發心志而效行之○注君行至不爭○正義曰此依魏注也案禮記鄉飲酒義云先禮而後財則民作敬讓而不爭矣言君身先行敬讓則天下之人自息貪競也○注禮以至睦矣○正義曰此依魏注也案禮記云樂由中出禮自外作中謂心在其中也外謂跡見於外也由心以出者宜聽樂以正之自跡以見者當用禮以檢之檢之謂檢束也言心跡不違於禮樂則人當自和睦也○注示好至犯也○正義曰云示好以引之示惡以止

之者案樂記云先王之制禮樂也將以教民平好惡而反人道之正也故示有好必賞之令以引喻之使其慕而歸善也示有惡必罰之禁以懲止之使其懼而不爲也云則人知有禁令不敢犯也者謂人知好惡而不犯禁令也 詩云赫赫師尹民具爾瞻 赫赫明盛貌也尹氏爲太師周之三公也義取大臣助君行化人皆瞻之也 【疏】詩云至爾瞻○正義曰夫子既述先王以身率下先及大臣助君行化之義畢乃引小雅節南山詩以證成之赫赫明盛之貌也是太師尹氏也言助君行化爲人模範故人皆瞻之○注赫赫至之也○正義曰赫赫明盛貌也尹氏爲太師周之三公也者此毛傳文太師太傅太保是周之三公尹氏時爲太師故曰尹氏也云義取大臣助君行化人皆瞻之也者引詩大意如此孔安國曰具皆也爾女也古語或謂人具爾瞻則人皆瞻女也此章再言先之是吾身行率先於物也陳之道之示之是大臣助君爲政也案大戴禮云昔者舜左禹而右皐陶不下席而天下大治夫政之不中君之過也政之旣中令之不行職事者之罪也後引周禮稱三公無官屬與王同職坐而論道又案尚書益稷篇稱帝曰吁臣哉鄰哉鄰哉臣哉又臣作朕股肱耳目孔傳曰言君臣道近相須而成言大體若身君任股肱臣

戴元首之義也故禮緇衣稱上好是物下必有甚者矣故上之好惡不可不慎也是民之表也詩云赫赫師尹民具爾瞻甫刑曰一人有慶兆民賴之緇衣之引詩書是明下民從上之義師尹大臣也一人天子也謂人君爲政有身行之者有大臣助行之者人之從上非惟從君亦從論道之大臣故并引以結之也此章上言先王下引師尹則知君臣同體相須而成者謂此也皇侃以爲無先王在上之詩故斷章引大師之什今不敢也

孝經注疏卷第三

[illegible] 盧宣旬校定

清嘉慶二十年重栞
宋本用文選樓藏本校定

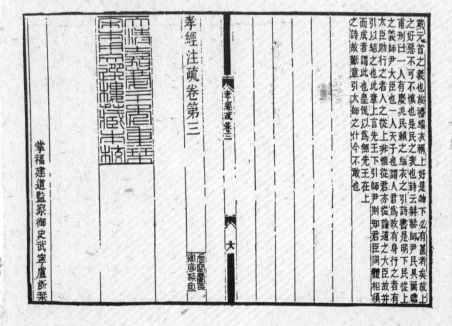

掌福建道監察御史武寧盧浙栞

孝經注疏卷三挍勘記　阮元撰盧宣旬摘錄

孝經注疏卷第三

庶人章第六

案即府吏之屬也 閩本監本毛本案即作兼包吏作史是

爵列之以爲士有員位也 閩本監本毛本爵列作嚴植是

人謂衆民 閩本監本毛本作人無限極

故士以下以爲庶人 閩本監本毛本下以字作皆是也

秋斂冬藏 石臺本作秋收鄭注本同案正義云此依鄭注也則當作秋收岳本改爲秋斂非此作斂斂歛乃正俗字

四事順時 石臺本岳本閩本監本毛本四作舉是也此本正義亦誤作四

原隰之宜 石臺本岳本閩本監本毛本作各盡所宜是也

用節省則兄飢寒 石臺本岳本閩本監本毛本兄作免不誤閩監毛本飢作饑案當作飢

公賦時充 石臺本岳本閩本監本毛本時作既不誤岳本充改足監本誤克

則篤養不闕矣 石臺本岳本閩本監本毛本篤作私矣是衍文

庶人之孝 石臺本岳本閩本監本毛本之作爲是也

止此而已 石臺本岳本閩本監本毛本止作唯案正義正作唯

用人至孝也 閩本監本毛本人作天不誤

言庶人服田力釋 閩本毛本釋作穡是也

謹身其道 閩本毛本身作愼閩監毛本道作身是也

節省用而以供養其父母 閩本監本毛本省下有其字無而字

以畜養爲事 閩本監本毛本事作義

秋斂冬藏孝 閩本監本毛本孝作者是案鄭注本作秋收此作秋斂非也

此四事順時天道也天云 閩本監本毛本四事順時天道也作依鄭注也爾雅釋不誤

夏爲長統 閩本監本毛本統作毓案爾雅作贏釋文云本亦作贏

秋爲收斂 案爾雅斂作成

冬爲肅殺 閩本監本毛本肅殺作安寧是也

安養閉藏地之義也 閩監本毛本養作寧即無地字是也

云四事順時 閩本監本毛本四作舉案當作舉

謂服百畝之事 閩本監本毛本服百作舉農是也

春三則爲種 閩本監本毛本三作生爲作耕不誤

夏長則耘苗 閩本監本毛本耘作芸案說文穮字注云除苗間穢也或从芸作䅽今字省艸作耘

閩本以下作芸非也

秋收則穫刈 閩本穫作獲是也刈字閩監毛本改割

冬藏則入窾也 閩本監本毛本窾作廩

此依魏注也 閩本監本毛本魏作鄭案分別五土視其高下見太平御覽卷三十六初學記卷五唐司馬貞議及釋文所引皆云鄭注此本作魏注非是

其種宜稻梁 閩本監本毛本種作穀梁閩本毛本作粱案作梁亦非周禮作麥

此分地之利者也 閩本監本毛本作也者此本誤倒今改正

此依本傳也 閩本監本毛本作孔不誤

則免飢寒者 監本毛本飢改饑下同

庶人無故不食珍 閩本監本毛本作食珍是也此本誤合吻今改正

淡三年之排 閩本監本毛本淡作及排作耕不誤

以三年繼之通也 閩本監本毛本三下有十字無繼字是

民無采色 閩本監本毛本采作菜案古多以采爲菜

二年賦用足 閩本監本毛本二年作云公用作既毛本足作充是也閩本毛本誤克

則私養不闕者 閩本監本毛本作養不闕此本誤力於

謂常省節財用 閩本監本毛本作常省節財用此本誤蕉育庠然後今改正

公家取稅亦足 閩本監本毛本取作賦亦作充是也

而私養父母不闕之也 監本毛本之作乏是也

孟子曰 閩本監本毛本曰作稱非

劉熙注云 正誤劉熙作趙岐是也

又云公事已案方敢追私事是也 閩本監本毛本已案方作畢然後追作治不誤

此言惟此而已 閩本監本毛本惟作唯與注文合

無贊諸也 閩本監本毛本贊諸作贊詞不誤

故從天子已下 閩本監本毛本已作以

杠鼎之力 閩本監本毛本杠作扛是也

若率強之無不及也 段玉裁云率當作牽

說孝道包含之義 浦鏜云說上當脫禮記二字

劉獻云 閩本監本毛本獻作瓛

諸家皆以爲惠及身 閩本監本毛本惠作患不誤

惡禍可必及之 閩本監本毛本可作何

是謂能食 閩本監本毛本食作養是也

十載方期一遇 閩本監本毛本十作千是也

制有曰 案有當作旨唐元宗孝經制旨一卷見唐書藝文志

三才章第七

人之常德 石臺本常作恒岳本同案作常避宋諱正義引易恆其德貞作常其德貞皆仍宋刻之舊

其政不嚴而治 石臺本治作治避唐高宗諱

孝是人所常德也 正誤所作之

明臨於下 正誤明作照是也

以晨羞夕膳也 正誤也作而屬下讀

無以常其利 此本其字下空十一字非也

天利之性也 閩本監本天作夫亦誤毛本作大

人之易也 鄭注本人作民正義云此依鄭注也則當作民案注作人避唐太宗諱

禮以檢其跡 毛本檢作撿避所諱正義同下仿此

故須身行傳愛之道 閩本監本毛本傳作博是也

又道之以禮樂之教 閩本監本毛本道作導

又論語曰義以爲質 按論語釋文出爲質云一本作君子義以爲質此與釋文合

當用禮以檢之 此本之下空一字非也

先及大臣 正誤先作夫

古語或謂人具爾瞻 浦鏜云古語或謂四字疑衍文下句則疑謂字之誤

陳之道之示之 閩本監本毛本道作導是也

臣哉鄰哉臣哉鄰哉 閩本監本毛本下臣鄰字作鄰臣是也

言大體若身 正誤大作同是也

孝經注疏卷三挍勘記終

新建生員杜甗挍

孝經注疏卷第四

孝治章第八　刑昺注疏

疏 正義曰夫子述此明王以孝治天下也前章明先王因天地順人情以爲教此章言明王由孝而治故以名章次三才之後也

子曰昔者明王之以孝治天下也 言先代聖明之王以至德要道化人是爲孝理 不敢遺小國之臣而況於公侯伯子男乎 小國之臣至卑者耳主尚接之以禮況於五等諸侯是廣敬也 故得萬國之懽心以事其先王 萬國舉其多也言行孝道以理天下皆得懽心則各以其職來助祭也 疏 子曰至先王○正義曰此章之首稱子曰者爲事訖更別起端首故也言昔者聖明之王能以孝道治於天下大教接物故不敢遺小國之臣而況於五等之君乎言必禮敬之明王能如此故得萬國之懽心謂各脩其德盡其懽心而來助祭

以事其先王經先王有六焉一曰先王有至德二曰非先王之法服三曰非先王之法言四曰非先王之德行五曰先王見教之此皆指先代行孝之王此章云以事其先王則指行孝王之考祖○注言先至孝理○正義曰此釋孝治之義也國語云古曰在昔昔曰先民尚書洪範云睿作聖左傳照臨四方曰明昔者非當時代之名明王則聖王之稱也是汎指前代聖王之有德者經言明王還指首章之先王也以代言之謂之先王以聖明言之則爲明王事義相同故注以至德要道釋之○注小國至敬也○正義曰此依王注義也五等諸侯則公侯伯子男舊解云公者正也言正行其事侯者候也言斥候而服事伯者長也爲一國之長也子者字也言字愛於小人也男者任也言任王之職事也爵則上皆勝下若行事亦互相通舜典曰輯五瑞孔安國曰舜斂公侯伯子男之瑞圭璧斯則堯舜之代已有五等諸侯也論語云殷因於夏禮周因於殷禮案尚書武成篇云列爵惟五分土惟三鄭注王制云殷所因夏爵三等之制也是有公侯伯而無子男武王增之摠建五等時九州界狹故土惟三等則王制云公侯方百里伯七十里子男五十里至周公攝政斥大九州之界增諸侯之大者地方五百里侯四百里伯三百里子二百里男百里然據鄭玄夏殷不建子男武王復增之也案五等公

爲上等侯伯爲次等子男爲下等則小國之臣謂子男卿大夫況此諸侯則至卑也曲禮云列國之大夫入天子之國曰某士諸侯言列國者兼小大是小國之卿大夫有見天子之禮也言雖至卑盡來朝聘則天子以禮接之案周禮掌客云王公饔餼九牢飧五牢侯伯饔餼七牢飧四牢子男饔餼五牢飧三牢三等其五等之介行人宰史皆有飧饔餼唯上介有禽獻其卿大夫士有特來聘問者則待之如其爲介時也是待諸侯及其臣之禮是皆廣敬之道也○注萬國至祭也○正義曰云萬國舉其多也者此依魏注也詩書之言萬國者多矣亦猶言萬方是舉多而言之不必數滿於萬也皇侃云春秋稱禹會諸侯於塗山執玉帛者萬國言禹要服之內地方七千里而置九州九州之中有方百里七十里五十里之國計有萬國也因引王制殷之諸侯有千七百七十三國也孝經稱周諸侯有九千八百國所以證萬國爲夏法也信如此說則周頌云綏萬邦六月云萬邦爲憲豈周之代復有萬國乎今不取也云言行孝道以理天下皆得懽心則各以其職來助祭也者言明王能以孝道理於天下則得諸侯之懽心以事其先王也各以其職來祭者謂天下諸侯各以其所職貢來助天子之祭也杯者禮器云大饗其王事與注云盛其饌與貢謂祫祭先王又云三牲魚腊四海九州之美味也籩

豆之薦四時之和氣也注云此饌諸侯所獻又云內金示和也注云此所貢也內之庭實先設之今從草性和荆揚二州貢金三品又云束帛加璧尊德也注云貢享所執致命者君子於玉比德焉又云龜爲前列先知也注云龜知事情者陳於庭在前荆州納錫大龜又云金次之見情也注云金炤物金有兩義先入後設又云丹漆絲纊竹箭與衆共財也注云萬民皆有此物荆州貢丹兗州貢漆絲豫州貢纊揚州貢篠蕩又云其餘無常貨各以國之所有則致遠物也注云其餘謂九州之外夷服鎭服蕃服之國周禮九州之外謂之蕃國世一見各以其所貴寶爲贄周穆王征大戎得白狼白鹿近之大傳云遂率天下諸侯執豆籩駿奔走又周頌曰駿奔走在廟此皆助祭者也 治國者不敢侮於鰥寡而況於士民乎 理國謂諸侯也鰥寡國之微者君尚不敢輕侮況知禮義之士乎 故得百姓之懽心以事其先君 諸侯能行孝理得所統之懽心則皆恭事助其祭享也 疏 治國者至先君○正義曰此說諸侯之孝治也言諸侯以孝道治其國者尚不敢輕侮於鰥夫寡婦而況於知禮義之士民乎亦言必不輕侮也以此故得其國內百姓懽悅以事其先君也

○注理國至士乎○正義曰云理國謂諸侯也者此依魏注也案周禮云體國經野詩曰生此王國是其天子亦言國也易曰先王以建萬國親諸侯是諸侯之國上言明王理天下此言理國故知諸侯之國也云鰥寡國之微者君尚不敢輕侮者案王制云老而無妻者謂之鰥老而無夫者謂之寡此天民之窮而無告者也則知鰥夫寡婦是國之微賤者也言微賤之者國君尚不輕侮況知禮義之士乎釋經之士民詩云彼都人士左傳曰多殺國士此皆況惜有知識之人不必居官授職之士舊解士知義理又曰士丈夫之美稱故注言知禮義之士乎謂民中知禮義者○注諸侯至享也○正義曰云諸侯能行孝理得所統之懽心者此言諸侯孝治其國得百姓之懽心也一國百姓皆是君之所統理故以所統言之孔安國曰亦以相統理是也云則皆恭事助其祭享也者祭享謂四時及禘祫也於此祭享之時所統之人則皆恭其職事獻其所有以助於君故云助其祭享也

治家者不敢失於臣妾而況於妻子乎

理家謂卿大夫臣妾家之賤者妻子家之貴者

故得人之懽心以事其親

卿大夫位以材進受祿養親若能孝理其家則得小大之懽心助其奉養

疏 治家者至其親○正義曰說卿大夫之孝治也言以孝道理治其家者不敢失於其家臣妾賤者而況於妻子之貴者乎言必不失也故得其家之懽心以承事其親也○注理家至貴者○正義曰云理家謂卿大夫者此依鄭注也案下章云大夫有爭臣三人雖無道不失其家禮記王制曰上大夫卿則知治家謂卿大夫云臣妾家之賤者案尚書費誓曰竊馬牛誘臣妾孔安國云誘偷奴婢既以臣妾爲奴婢是家之賤者也云妻子家之貴者案禮記哀公問於孔子孔子對曰妻者君之主也敢不敬與子者親之後也敢不敬與是妻子家之貴者也○注卿大夫至奉養○正義曰云卿大夫位以材進者案毛詩傳曰建邦能命龜田能施命作器能銘使能造命升高能賦師旅能誓山川能說喪紀能誄祭祀能語君子能此九者可謂有德音可以爲大夫是位以材進也云受祿養親者若能孝理其家則受其所稟之祿以養其親云若能孝理其家則得小大之懽心者謂小大皆得其懽心小謂臣妾大謂妻子也云助其奉養者案禮記內則稱子事父母婦事舅姑日以雞初鳴咸盥漱以適父母舅姑之所問衣燠寒饘酏酒醴芼羹菽麥蕡稻黍粱秫唯所欲棗栗飴蜜以甘之父母舅姑必嘗之而後退此皆奉養事親也天子諸侯繼父而立故言先王先君也大夫唯賢是授居位之時或有俸祿

以逮於親故言其親也注順經文所以言助其奉養此謂事親生之義也若親以終沒亦當言助其祭祀也明王言不敢遺小國之臣諸侯言不敢侮於鰥寡大夫言不敢失於臣妾者劉炫云遺謂意不存錄侮謂忽慢其人失謂不得其意小國之臣位卑或簡其禮故云不敢遺也鰥寡人中賤弱或被人輕侮欺陵故曰不敢侮也臣妾營事產業宜須得其心力故云不敢失也明王況公侯伯子男諸侯況士民卿大夫況妻子者以王者尊貴故況列國之貴者諸侯差卑故況國中之卑者以五等皆貴故況其卑也大夫或事父母故況家人之貴者也

夫然故生則親安之祭則鬼享之

夫然者。上孝理皆得懽心則存安其榮沒享其祭

是以天下和平災害不生禍亂不作

上敬下懽存安沒享人用和睦以致太平則災害禍亂無由而起

故明王之以孝治天下也如此

言明王以孝爲理則諸侯以下化而行之故致如此福應

疏 夫然至如此○正義曰此總結天子諸侯卿大夫之孝治也言明王孝治其下則諸侯以下各順其教皆治其國家也如此各得懽心親若存則安其孝養沒則享其祭祀故得和氣降生感動昭昧是以普天之下和睦太平災害之萌不生禍亂之端不起此謂明王之以孝治天下也能致如此之美○注夫然者至其祭○正義曰云夫然者然上孝理皆得懽心者此謂明王諸侯大夫能行孝治皆得其懽心也云則存安其榮者釋生則親安之云沒享其祭者釋祭則鬼享之也○注上敬至而起○正義曰此釋天下和平以皆由明王孝治之所致也皇侃云天反時爲災謂風雨不節地反物爲妖妖即害物謂水旱傷禾稼也善則逢殃爲禍臣下反逆爲亂也○注言明至福應○正義曰云言明王以孝爲理則諸侯以下化而行之者案上文有明王諸侯大夫三等而經獨言明王孝治如此者言由明王之故也則諸侯以下奉而行之而功歸於明王也云故致如此福應者福謂天下和平應謂災害不生禍亂不作

詩云有覺德行四國順之

覺大也義取天子有大德行則四方之國順而行之

疏 詩云至順之○正義曰夫子述昔時明王孝治之義畢乃引大雅抑篇讚美之也言天子身有至大德行使四方之國皆順而行之○注覺大至行之○正義曰云覺大也此依鄭注也故詩箋云有大德行則天下順從其化是以覺爲大也云義取天子有大德行則四方之國順而行之者言引詩之大意如此也

卷終

孝經注疏卷四挍勘記　阮元撰盧宣旬摘錄

孝經注疏卷第四

孝治章第八

言先代聖明之王 石臺本王作主

主尙接之以禮 岳本閩本監本毛本主作王

故得萬國之懽心 鄭注本作歡此正義本則作懽萬石臺本作万注同按唐人千萬字多作万

萬國舉其多也 岳本多改作大數非是

皆得歡心 石臺本岳本毛本歡作懽是也

則指行孝王之考祖 正誤作祖考

古曰在昔曰先民 正誤垂昔字依國語增也

還指首章之先王也 閩本監本毛本作指此本誤有今改正

王公饗餼九牢 案周禮掌客王作上

飧五牢 案當作飱从夕从食下同

子男饗五牢 案五上脫餼字當依周禮補

唯上介有禽獸 閩本監本毛本作上此本誤止今改正案周禮獸作獻

有千七伯七十三國也 閩本監本毛本伯作百案禮記作百

和者禮器云 正誤和作知

荆揚二州貢金三品 閩本監本毛本楊作揚段玉裁云今人多作揚从才攷廣雅云楊揚也毛詩王風揚之水釋文云或作楊然則毛傳楊激揚也正廣雅之所本而郭忠恕佩觿曰楊栁也亦州名是郭所據書作楊後人因江南其氣燥勁厥性輕揚之云改爲揚州不知古今字多假借所重惟音則州名當依古從木也

楊州貢篠簜 閩本毛本篠簜作篠簜是也監本篠作篠不成字案說文作筱隸變篠陸德明釋文云篠或作篠

理國謂諸侯也 案經作治注作理避所諱

則皆恭事助其祭享也 石臺本享作亨

言微賤之者 正誤作言國之微者又云下國字衍

此皆況惜有知識之人 閩本監本毛本況惜作說指

妻者君之主也 正誤君作親是也

贊稱 案禮記作贊諸本從竹非也

黍粱 毛本粱作梁不誤

若親以終沒 浦鏜云以當巳字之誤非也

故況列國之貴者 閩本監本毛本作列此本誤則今改正

祭則鬼享之 石臺本享作亨注同案亨通之亨烹飪之烹獻亨之亨古多作亨

上孝理皆得懽心 閩本監本毛本同石臺本岳本作然上孝理正義同

讚或之也 閩本監本毛本作贊美之也

使四方之國 正誤使作則

孝經注疏卷四挍勘記終

新建生員杜贇挍

孝經注疏卷第五

聖治章第九　　邢昺注疏

疏　正義曰此言曾子聞明王孝治以致和平因問聖人之德更有大於孝否夫子因問而說聖人之治故以名章次孝治之後

曾子曰敢問聖人之德無以加於孝乎　參聞明王孝理以致和平又問聖人德教更有大於孝不

子曰天地之性人爲貴　貴其異於萬物也

人之行莫大於孝　孝者德之本也

孝莫大於嚴父　萬物資始於乾人倫資父爲天故孝行之大莫過尊嚴其父也

嚴父莫大於配天則周公其人也　謂父爲天雖無貴賤然以父配天之禮始自周公故曰其人也

疏　曾子至其人也○正義曰夫子前說孝治天下能致災害不生禍亂不作是言德行之大也將言聖德之廣不過於孝無以發端故又假曾子之問曰聖人之德更有加於孝乎乎猶否也夫子承問而釋之曰天地之性人爲貴性生也言天地之所生唯人最貴也人之所行者莫有大於孝行也孝行之大者莫有大於尊嚴其父也嚴父之大者莫有大於以父配天而祭也言以父配天而祭之者則文王之子成王叔父周公是其人也○注貴其至物也○正義曰此依鄭注也夫稱貴者是殊異可重之名案禮運曰人者五行之秀氣也尚書曰惟天地萬物父母惟人萬物之靈是異於萬物也○注萬物至父也正義曰云萬物資始於乾者易云大哉乾元萬物資始是也云人倫資父爲天者曲禮曰父之讎弗與共戴天鄭玄曰父者子之天也殺己之天與共戴天非孝子也杜預左氏傳曰婦人在室則天父出則天夫是人倫資父爲天也云故孝行之大莫過尊嚴其父也者尊謂崇也嚴敬也父既同天故須尊嚴其父是孝行之大也○注謂父至人也○正義曰云謂父爲天雖無貴賤者此將釋配天之禮始自周公故先張此文言人無限貴賤皆得謂父爲天也云然以父配天之禮始自周公故曰其人也者但以父配天徧檢羣經更無殊說案禮記有虞氏尚德不郊其祖夏殷始尊祖於郊無父配天之禮也周公大聖而首行之禮無一尊既以后稷配郊天不可以以文王配之五帝天之別名也因享明堂而以文王配之

是周公嚴父配天之義也亦所以中文王有尊祖之禮也經稱周公其人注順經旨故曰始自周公也

昔者周公郊祀后稷以配天　后稷周之始祖也郊謂圜丘祀天也周公攝政因行郊天之祭乃尊始祖以配之也

宗祀文王於明堂以配上帝　明堂天子布政之宮也周公因祀五方上帝於明堂乃尊文王以配之也

是以四海之內各以其職來祭　君行嚴配之禮則德教刑於四海海內諸侯各脩其職來助祭也

夫聖人之德又何以加於孝乎　言無大於孝者

疏　昔者至孝乎○正義曰前陳周公以父配天因言配天之事自昔武王既崩成王年幼即位周公攝政因行郊天祭禮乃以始祖后稷配天而祀之因祀五方上帝於明堂之時乃尊其父文王以配而享之尊父祖以配天崇孝享以致敬是以四海之內有土之君各以其職貢來助祭也既明聖治之義乃總其意而荅之也周公聖人首爲尊父配天之禮以極於孝敬之心則夫聖人之德又何以加於孝乎是言無以加也○注后稷至配之○正義曰云后稷周公之始祖也者案周本紀云后稷名棄其母有邰氏女曰姜原爲帝嚳元妃出野見巨人跡心忻然欲踐之踐之而身動如孕者居期而生子以爲不祥棄之隘巷馬牛過者皆辟不踐徙置之林中適會山林多人遷之而棄渠中冰上飛鳥以其翼覆薦之姜嫄以爲神遂收養長之初欲棄之因名曰棄棄爲兒好種樹麻菽及爲成人遂好耕農帝堯舉爲農師天下得其利有功帝舜曰棄黎民阻飢爾后稷播時百穀封棄於邰號曰后稷后稷曾孫公劉復脩其業自后稷至王季十五世而生文王受命作周案毛詩大雅生民之序曰生民尊祖也后稷生於姜嫄文武之功起於后稷故推以配天焉是也云郊謂圜丘祀天也者此孔傳文祀祭也祭天謂之郊周禮大司樂云凡樂圜鍾爲宮黃鍾爲角大蔟爲徵姑洗爲羽靁鼓靁鼗孤竹之管雲和之琴瑟雲門之舞冬日至於地上之圜丘奏之若樂六變則天神皆降可得而禮矣郊特牲曰郊之祭也迎長日之至也大報天而主日也兆於南郊就陽位也又曰郊之祭也大報本反始也言以冬至之後日漸長郊祭而迎之是建子之月則與經俱郊祀於天明圜丘南郊也云周公攝政因行郊天之祭乃尊始祖以配之也者案文王世子稱仲尼曰昔者周公攝政踐阼而治抗世子法於伯禽所以善成王也則郊祀是周公攝政之時也公羊傳曰郊則曷爲必祭稷王者必以其祖配王者則曷爲必以其祖

配自內出者無主不行自外至者無主不止言祭天則天神
爲客是外至也須人爲主天神乃至故尊始祖以配天神侑
坐而食之案左氏傳曰凡祀啓蟄而郊又云郊祭后稷以祈
農事也而鄭注禮郊特牲乃引易說曰三王之郊一用夏正
建寅之月也此言迎長日者建卯而晝夜分分而日長也然
則春分而長短分矣此則迎在未分之前至謂春分之日也
夫至者是長短之極也明分者晝夜均也分是四時之中啓
蟄在建寅之月過至而未及分必於夜短方爲日長則左氏
傳不應言啓蟄也若以日長有漸郊可預迎則其初長宜在
極短之日故知傳啓蟄之郊是祈農之祭也周禮冬至之郊
是迎長日報本反始之祭也鄭玄以祭法有周人禘嚳之文
遂變郊爲祀感生之帝謂東方青帝靈威仰周爲木德威仰
木帝以駁之曰案爾雅曰祭天曰燔柴祭地曰瘞薶又曰禘
大祭也謂五年一大祭之名又祭法祖有功宗有德皆在宗
廟本非郊配若依鄭說以帝嚳配祭圜丘是天之最尊也周
之尊帝嚳不若后稷今配青帝乃非最尊實乖嚴父之義也
且徧窺經籍並無以帝嚳配天之文若帝嚳配天則經應云
禘嚳於圜丘以配天不應云郊祀后稷也天一而已故以所
在祭在郊則謂爲圜丘言於郊爲壇以象圜天圜丘即郊也
郊即圜丘也其時中郎馬昭抗章固執當時勅博士張融質
之融稱漢世英儒自董仲舒劉向馬融之倫皆斥周人之祀
昊天於郊以后稷配無如玄說配蒼帝也然則周禮圜丘則
孝經之郊聖人因尊事天因卑事地安能復得祀帝嚳於圜
丘配后稷於蒼帝之禮乎且在周頌思文后稷克配彼天又
昊天有成命郊祀天地也則郊非蒼帝通儒同辭肅說爲長伏
以孝爲人行之本祀爲國事之大孔聖垂文固非臆說前儒
詮證各擅一家自頃修撰備經斟覆究理則依王肅爲長從
眾則鄭義已久王義其聖證之論鄭義其於三禮義宗王鄭
是非於禮記其義文多卒難詳縷說此略據機要且舉二端
焉○注明堂至之也○正義曰云明堂天子布政之宮也者
案禮記明其二端注明堂朝諸侯于明堂之位天子負斧依
南鄉而立明堂也者明諸侯之尊卑也制禮作樂頒度量而
天下大服知明堂是布政之宮也云周公因祀五方上帝於
明堂乃尊文王以配之也者五方上帝即是上帝也謂以文
王配五方上帝之神侑坐而食也案鄭注論語云皇皇后帝
並謂太微五帝在天爲上帝分王五方爲五帝舊說明堂在
國之南去王城七里以近爲媟南郊去王城五十里以遠爲
嚴五帝卑於昊天所以於郊祀昊天於明堂祀上帝也其以
后稷配郊以文王配明堂義見於上也五帝謂東方青帝靈
威仰南方赤帝赤熛怒西方白帝白招拒北方黑帝汁光紀

中央黃帝含樞紐鄭玄云明堂居國之南南是明陽之地故
曰明堂案史記云黃帝接萬靈於明庭明庭即明堂也明堂
起於黃帝周禮考工記曰夏后曰世室殷人重屋周人明堂
先儒舊說其制不同案大戴禮云明堂凡九室一室而有四
戶八牖三十六戶七十二牖以茅蓋屋上圓下方鄭玄據援
神契云明堂上圓下方八牖四闥考工記曰明堂五室稱九
室者或云取象陽數也八牖者陰數也取象八風也三十六
戶取象六甲子之爻六六三十六也上圓象天下方法地八
牖者即八節也四闥者象四方也稱五室者取象五行皆無
明文也以意釋之耳此言宗祀於明堂謂九月大享靈威仰
等五帝以文王配之即月令云季秋大享帝注云徧祭五帝
以其上言舉五穀之要藏帝藉之收於神倉六月西方成事
終而報功也○注君行至祭也○正義曰云君行嚴配之禮
者此謂宗祀文王於明堂以配天是也云則德教刑於四海
海內諸侯各脩其賦來助祭也者謂四海之內六服諸侯各
脩其職貢方物也案周禮大行人以九儀辨諸侯之命廟中
將幣三享又曰侯服貢祀物注云犧牲之屬甸服貢嬪物注
云絲枲也男服貢器物注云尊彝之屬也采服貢服物注云
玄纁絺纊也衛服貢材物注云八材也要服貢貨物注云龜
貝也此是六服諸侯各脩其職來助祭又若尚書武成篇云
丁未祀於周廟邦甸侯衛駿奔走執豆籩亦是助祭之義也

故親生之膝下以養父母日嚴

親猶愛也膝下謂孩幼之時也言親愛之心生於孩幼比及年長漸識義方則日加尊嚴能致敬於父母也

聖人因嚴以教敬因親以教愛

聖人因其親嚴之心敦以愛敬之教故出以就傅趨而過庭以教敬也抑搔癢痛懸衾篋枕以教愛也

聖人之教不肅而成其政不嚴而治

聖人順羣心以行愛敬制禮則以施政教亦不待嚴肅而成理也

其所因者本也

本謂孝也

【疏】故親至本也○正義曰此更廣陳嚴
父之由言人倫正性必在蒙幼之年教之則明不教則昧言
親愛之心生在其孩幼膝下之時於是父母則教示比及年
長漸識義方則日加尊嚴能致敬於父母故云以養父母日
嚴也是以聖人因其日嚴而教之以敬因其知親而教之以
愛故聖人因之以施政教不待嚴肅自然成治也然其所因
者在於孝也言本皆因於孝道也○注親猶至母也○正義
曰云親猶愛也者嫌以親爲父母故云親猶愛也云膝下謂
孩幼之時也者案內則云子生三月妻以子見於父父執子

之右手孩而名之案說文云孩小兒笑也謂指其頤下令之笑而爲之名故知膝下謂孩幼之時也云親愛之心生於孩幼之時也者言孩幼之時已有親愛父母之心生也云比及年長漸識義方則日加尊嚴能致敬於父母也者春秋左氏傳石碏曰臣聞愛子教之以義方方猶道也謂教以仁義合宜之道也其教之者案禮記內則子能飲食教以右手能言男唯女俞男鞶革女鞶絲六年教之數與方名七年男女不同席不共食八年出入門戶及即席飲食必後長者始教之讓九年教之數日。又曲禮云幼子常視無誑立必正方不傾聽與之提攜則兩手奉長者之手負劒辟咡詔之則掩口而對注約彼文爲說故曰日加尊嚴言子幼而誨及長則能致敬其親也。注聖人至愛也。正義曰父子之道簡易則慈孝不接狎則怠慢生焉故聖人因其親嚴之心敎以愛敬之教也云出以外傳者案禮記內則云十年出就外傳居宿於外學書計鄭云外傳教學之師也謂年十歲出就外傳居宿於外就師而學也案十年出就外傳指命士已上今此引之則尊卑皆然也云趨而過庭以教敬也者言父之與子於禮不得常同居處也案論語云陳亢問於伯魚曰子亦有異聞乎對曰未也嘗獨立鯉趨而過庭曰學禮乎對曰未也不學禮無以立鯉退而學禮聞斯二者陳亢退而喜曰問一得三

聞詩聞禮又聞君子之遠其子也故注約彼文以爲說也云抑搔癢痛懸衾篋枕以教愛者也者此並約內則文案彼云以適父母舅姑之所及所下氣怡聲問衣燠寒疾痛苛癢而敬抑搔之父母舅姑將坐奉席請何鄉將衽長者奉席請何趾少者執牀與坐御者舉几斂席與簟懸衾篋枕斂簟而襡之鄭注云須卧乃敷之也襡韜也是父母未寢故衾被則懸枕則置篋中言子有近父母之道所以教其愛也夫愛以敬生敬先於愛無宜待教而此言教敬愛者禮記樂記曰樂者爲同禮者爲異同則相親異則相敬樂勝則流是愛深而敬薄也禮勝則離是嚴多而愛殺也不教敬則不嚴不和親則忘愛所以先敬而後愛也舊注取士章之義而分愛敬父母之別此其失也。注聖人至理也。正義曰云聖人順羣心以行愛敬者聖人謂明王也聖者通也稱明王此言在位無不照也稱聖人者言用心無不通也順羣心者則首章以順天下是也以行愛敬者則天子能愛親敬親者是也云制禮則以施政教者則德教加於百姓是也云亦不待嚴肅而成理也者蓋言王化順此而行也言亦者三才章已有成理之言故云亦也。注本謂孝也。正義曰此依鄭注也首章云夫孝德之本也制旨曰夫人倫正性在蒙幼之中導之斯通壅之斯蔽故先王慎其所養於是乎有胎中之教膝下之訓

感之以惠和而日親焉期之以恭順而日嚴焉夫親也者緣乎正性而達人情者也故因其親嚴之心敎以愛敬之範則不嚴而治不肅而成謂其本於先祖也

父子之道天性也君臣之義也 父子之道天性之常加以尊嚴又有君臣之義

父母生之續莫大焉 父母生子傳體相續人倫之道莫大於斯

君親臨之厚莫重焉 謂父爲君以臨於已恩義之厚莫重於斯

【疏】父子至重焉　正義曰此言父子恩親之情是天生自然之道父以尊嚴臨子子以親愛事父尊卑既陳貴賤斯位則子之事父如臣之事君易稱乾元資始坤元資生又論語曰子生三年然後免於父母之懷是父母生已傳體相續此爲大焉言有父之尊同君之敬恩義之厚此最爲重也。注父子至之義。正義曰云父子之道天性之常者父子之道自然慈孝本乎天性則生愛敬之心是常道也云加以尊嚴又有君臣之義者言父子相親本於天性慈孝生於自然既能尊嚴於親又有君臣之義故易家人卦曰家人有嚴君焉父母之謂也是謂父母爲嚴君也。注父母至於斯。正義曰案說文云續連也言子繼於父母相連不絕也易稱生生之謂易言後生次於前也此則傳續之義也。注謂父至於斯。正義曰上引家人之文言人子之道於父母有嚴君之義此章既陳聖治則事繫於人君也案禮記文王世子稱昔者周公攝政抗世子法於伯禽使之與成王居欲令成王之知父子君臣之義君之於太子也親則父也尊則君也有父之親有君之尊然後兼天下而有之者言既有天性之恩又有君臣之義厚重莫過於此也

故不愛其親而愛他人者謂之悖德不敬其親而敬他人者謂之悖禮 言盡愛敬之道然後施教於人違此則於德禮爲悖也

以順則逆民無則焉 行教以順人心今自逆之則下無所法則也

不在於善而皆在於凶德 善謂身行愛敬也凶謂悖其德禮也

雖得之君子不貴也 言悖其德禮雖得志於人上君子之不貴也

【疏】故不至貴也。正義曰此說愛敬之失悖於德禮之事也所謂不愛敬其親者是君上不能身行愛敬也而愛他人敬他人者是教天下行愛敬也君自不行愛敬而使天下人行是謂悖德悖禮也唯人君合行政教以順天下人心今則自逆不行翻使天下之人法行於逆

道故人無所法則斯乃不在於善而皆在於凶德在謂心之所在也凶謂凶害於德也如此之君雖得志於人上則古先哲王聖人君子之所不貴也○注言盡至悖也○正義曰云言盡愛敬之道然後施教於人者此孔傳也則天子章言愛敬盡於事親而德教加於百姓是也云違此則於德禮爲悖也者案禮記大學云堯舜率天下以仁而民從之桀紂率天下以暴而民從之其所令反其所好而民不從是故君子有諸己而后求諸人無諸已而后非諸人所藏乎身不恕而能喻諸人者未之有也是知人君若違此盡愛敬之道而教天下人行愛敬是悖逆於德禮也○注善謂至禮也○正義曰云善謂身行愛敬也者謂身行愛敬乃爲善也云凶謂悖其德禮也者悖猶逆也言逆其德禮則爲凶也○注言悖至貴也○正義曰云悖其德禮者此依魏注也謂人君不行愛敬於其親鄭注云悖若桀紂是也云雖得志於人上者君子之不貴也者言君子如此是雖得志居臣人之上幸免篡逆之禍詩聖人君子之所不貴言賤惡之也

不然 不悖德禮也 **言思可道行思可樂** 思可道而後言人必信也思可樂而後行人必悅也 **德義可尊作事可法** 立德行義不違道正故可尊也制作事業動得物宜故可法也 **容止可觀進退可度** 容止威儀也必合規矩則可觀也進退動靜也不越禮法則可度也 **以臨其民是以其民畏而愛之則而象之** 君行六事臨撫其人則下畏其威愛其德皆放象於君也 **故能成其德教而行其政令** 上正身以率下下順上而法之則德教成政令行也

〔疏〕君子至政令○正義曰前說爲君而爲悖德禮之事此言聖人君子則不然也君子者須慎其言行動止舉措思可道而後言思可樂而後行故德義可以尊崇作業可以爲法威容可以觀望進退皆脩禮法以此六事君臨其民則人畏威而親愛之法則而象效之故德教以此而成政令以此而行也○注不悖德禮也○正義曰此依魏注也言君子舉措皆合德禮無悖逆也○注思可至悅也○正義曰言者心之聲也思者心之慮也可者事之合也道者陳說也行謂施行也樂謂使人悅服也禮記中庸稱天下至聖言而民莫不信行而民莫不說也○注立德至可法也○正義曰此立德行義不違道正故可尊也者此依孔傳也劉炫云德者得於理也義者宜於事也得理在於身宜事見於外謂理得事宜行道守正故能爲人所尊也

知制作事業動得物宜故可法也者作謂造立也事謂施爲也易曰舉而措之天下之民謂之事業言能作衆物之端爲器用之式造立於已成式於物物得其宜故能使人法象也○注容止至度也○正義曰容止威儀也必合規矩則可觀也者此依孔傳也容止謂禮容所止也漢書儒林傳云魯徐生善爲容以容爲禮官大夫是也威儀即儀禮也中庸云威儀三千是也春秋左氏傳曰有威而可畏謂之威有儀而可象謂之儀言君子有此容止威儀能合規矩案禮記玉藻云周還中規折還中矩鄭云反行也宜圜曲行也宜方是合規矩故可觀云進退動靜也者進則動也退則靜也衆易乾文言曰進退無常非離羣也又艮卦彖曰時止則止時行則行動靜不失其時其道光明是進退動靜也云不越禮法則可度也者動靜不乖越禮法故可度也○注君行至君也○正義曰云君行六事臨撫其人者言君施行六事以臨撫下人六事即可度以上之事有六也云則下畏其威愛其德皆放象於君也者案左傳北宮文子對衛侯說威儀之事稱有威而可畏謂之威有儀而可象謂之儀君有君之威儀其臣畏而愛之則而象之又因引周書數文王之德曰大國畏其力小國懷其德言畏而愛之也詩云不識不知順帝之則言則而象之也又云君子在位可畏施舍可愛進退可度周旋可則容止可觀作事可法德行可象聲氣可樂動作有文言語有章以臨其下謂之有威儀也據此與經雖稍殊別大抵皆敘君之威儀也故經引詩云其儀不忒其義同也○注上正至行也○正義曰云上正身以率下者此依孔傳也論語孔子對季康子曰子率以正孰敢不正又曰其身正不令而行是正其身之義也云下順上而法之者言正其身以率下則下人皆從之無不法則德教成政令行也者言風化當如此也

詩云淑人君子其儀不忒 淑善也忒差也義取君子威儀不差爲人法則

〔疏〕詩云至不忒○正義曰夫子述君子之德既畢乃引曹風鳲鳩之詩以贊美之言善人君子威儀不差失也○注淑善至法則○正義曰云淑善也忒差也此依鄭注也淑善釋詁文釋言云爽差也爽忒也轉互相訓故忒得爲差也云義取君子威儀不差爲人法則者亦言引詩大意如此也

孝經注疏卷第五

掌福建道監察御史武寧盧浙栞

孝經注疏卷五挍勘記　阮元撰盧宣旬摘録

孝經注疏卷第五

聖治章第九

參問明王孝理　岳本參改作曾子石臺本問作聞是也監本王誤至

更有大於孝不　岳本不作否

杜預左氏傳曰　案曰上當有注字

郊謂圜丘祀天也　監本祀誤配

各以其職來祭　毛本職作軄案軄俗職字石臺本唐石經宋熙寧石刻岳本閩本監本正義本來下有助字禮記禮器正義公羊僖十五年疏後漢書班彪傳下注引並作各以其職來助祭注云各脩其職來助祭也是經文本有助字石臺本脫諸本仍之

云后稷周公之始祖也者　案公字衍文

姜原　閩本監本毛本改姜嫄

冰上飛鳥以其翼覆薦之　監毛本薦作藉案史記周本紀薦作薦

黎民阻饑　案史記周本紀阻饑作始飢此作阻依古文尚書改非是段玉裁尚書撰異云今文尚書作祖飢其證有五五帝本紀曰黎民始飢一也漢書食貨志曰舜命后稷以黎民祖饑二也孟康注漢書曰祖始也古文言阻三也徐廣史記音義曰今文尚書作祖飢祖始也四也毛詩釋文曰馬融注尚書作祖云始也五也

圜鍾爲宮　監本毛本鍾作鐘五經文字云鐘樂器鍾量名今經典或通用鍾爲樂器案開成石經凡樂器之鐘皆作鐘

周公攝政踐祚而治　監本毛本祚作阼是也

無主不行　案公羊傳主作匹注云合也

威仰木帝　儀禮經傳通解續下有以后稷配蒼龍精也韋昭所著亦符此說惟魏太常王肅獨著論廿五字

王義其聖證之論鄭義其於三禮義宗　案其並具字之誤

於禮記其義文多　盧文弨挍本文作尤

按禮記明其二端注明堂　正誤其二端注明堂作堂位昔者周公是也

鄭炫云　案炫當作元下同

夏后曰世室　案曰當作氏

以茅蓋屋　閩本監本毛本盖作蓋是也九經字樣云說文蓋从艸从盇張參五經文字又公害翻並見艸部艸音草明皇御注孝經石臺亦作蓋今或相承作盖者乃從行書訛俗不可施於經典今孝經作盖

八牖者即八節也　正誤即作象

藏帝藉之收於神倉　閩本監本毛本藉作籍挍月令作籍

六月西方成　案六當作九

注云絲帛也　案帛當作枲

故親生之膝下　石臺本唐石經宋熙寧石刻岳本監本膝作膝是也下做此

懸衾篋枕　石臺本亦作懸篋作篋岳本作縣案當作縣隸書从竹字往往作艹如制節謹度之節石臺本作節此篋字亦隸體也

子能飲食　案飲當作食讀如字下食音嗣或疑與下食字重遂改爲飲

九年教之數目　監本毛本目作日不誤

云出以外傳者　監本毛本外作就是也

鯉趨而過庭 正誤云下脫曰學詩乎對曰未也不學詩無以言鯉退而學詩他日又獨立鯉趨而過庭廿九字

懸衾篋枕 閩本監本毛本作衾此本誤貪今改正案內則懸作縣懸俗縣字

以教愛者也者 案注無上者字此衍文也

疾痛疴癢 案禮記作苛癢

無宜待教 浦鏜云無宜疑誤倒或宜爲容字之誤

是嚴多而愛殺也 正 閩本監本毛本作愛此本誤處今改正

不和親則忘愛 正誤和作教

聖人謂明王也 閩本監本毛本作王此本誤正今改正

此言父子恩親之情 正誤親作愛

洞君之敬 正 閩本監本毛本作君之此本二字誤倒今改

君之於太子也 案禮記太作世

然後兼天下而有之者 案禮記無者字此誤衍

君子之不貴也 岳本之下增所字案正義亦無浦鏜云脫所字非也

是知人君若達此盡愛敬之道 閩本監本毛本達作違此下有不字是也

言君子如此 浦鏜云君子當人君誤是也

言聖人君子之所不貴 浦鏜云言當亦字誤是也

臨撫其人 岳本撫作於案正義亦作撫岳本非也

道者陳悅也 閩本監本毛本者作謂不誤悅作說

此立德行義 正誤此作云是也

魯徐生善爲容 漢書儒林傳容作頌案頌正字容假借字

威儀不差夫也 閩本監本毛本夫作失是也

孝經注疏卷五校勘記終

新建生員杜煕校

孝經注疏卷第六

紀孝行章第十

邢昺注疏

〔疏〕正義曰此章紀錄孝子事親之行也前章孝治天下所施政教不待嚴肅自然成理故君子皆由事親之心所以孝行有可紀也故以名章次聖人之後或於孝行之下又加犯法兩字今不取也

子曰孝子之事親也居則致其敬平居必盡其敬養則致其樂就養能致其懽病則致其憂色不滿容行不正履喪則致其哀擗踊哭泣盡其哀情祭則致其嚴齊戒沐浴明發不寐五者備矣然後能事親五者闕一則未爲能

〔疏〕子曰至事親○正義曰致猶盡也言爲人子能事其親而稱孝者謂平常居處家之時也當須盡於恭敬若進飲食之時怡顏悅色致親之歡若親之有疾則冠者不櫛怒不至詈盡其憂謹之心若親喪亡則擗踊號毀盡其哀情也若卒哀之後終盡其祥練及春秋祭祀又當盡其嚴肅此五者無限貴賤有盡能備者是其能事親○注平居必盡其敬○正義曰此依王注也平居謂平常在家孝子則須恭敬也案禮記內則云子事父母雞初鳴咸盥漱至於父母之所敬進甘脆而后退又祭義曰養可能也敬爲難皆是盡敬之義也○注就養能致其懽○正義曰此依魏注也案檀弓曰事親有隱而無犯左右就養無方言孝子冬溫夏凊昏定晨省及進飲食以養父母皆須盡其敬安之心不然則難以致親之懽○注色不滿容行不正履○正義曰此依鄭注也案禮記文王世子云王季有不安節則內豎以告文王文王色憂行不能正履又下文云此古之世子亦朝夕問於內豎其有不安節世子色憂不滿容此注減憂能二字者以此章通於貴賤雖疑人非其倫亦舉重以明輕之義也○注擗踊至哀情○正義曰此依鄭注也並約喪親章文其義具於彼○注齊戒至不寐○正義曰此皆說祭祀嚴敬之事也案祭義曰孝子將祭夫婦齊戒沐浴盛服奉承而進之言將祭必先齊戒沐浴也又云文王之祭也事死如事生詩云明發不寐有懷二人文王之詩也鄭注云明發不寐謂夜而至旦也二人謂父母也言文王之嚴敬祭祀如此也○注五者至爲能○正義曰此依魏注也凡爲孝子者須備此五等事也五事若闕於一則未爲能事親也

事親者居上不驕當莊敬以臨下也爲下不亂當恭謹以奉上也在醜不爭醜衆也爭競也當和順以從衆也居上而驕則亡爲下而亂則刑在醜而爭則兵謂以兵刃相加三者不除雖日用三牲之養猶爲不孝也三牲太牢也孝以不毀爲先言上三事皆可亡身而不除之雖日致太牢之養固非孝也

〔疏〕事親至孝也○正義曰此言居上位者不可爲驕謚之事爲臣下者不可爲撓亂之事在醜輩之中不可爲忿爭之事是以居上須去驕不去則危亡也爲下須去亂不去則致刑辟在醜輩須去爭不去則兵刃或加於身若三者不除雖復日日能用三牲之養終貽父母之憂猶爲不孝之子也○注醜衆也爭競也○正義曰此依魏注也醜衆釋詁文左傳曰師競已甚杜預云競爭也故注以競釋爭也○注謂以兵刃相加○正義曰此依常義案左傳六書范杜用劍以帥卒杜預曰用短兵接敵此則刃劍之屬謂之兵也必有可堪害於人則左傳齊莊公請自刃於廟是也言處儕衆之中而每事好爭競或有以刃相讎害也○注三牲至孝也○正義曰云三牲太牢也者三牲牛羊豕也案尚書召誥稱越翼日戊午乃社於新邑牛一羊一豕一孔云用太牢也是謂三牲爲太牢也云孝以不毀爲先者則首章不敢毀傷也云言上三事皆可亡身者謂上居上而驕爲下而亂在醜而爭之三事皆可喪亡其身命也云而不除之雖日致太牢之養固非孝也者言奉養雖優不除驕亂及爭競之事使親常憂故非孝也

五刑章第十一

〔疏〕正義曰此章五刑之屬三千案舜命皐陶云汝作士明于五刑又禮記服問云罪多而刑五喪多而服五以其服有親疏罪有輕重也故以名章以前章有驕亂忿爭之事言此罪惡必及刑辟故此次之

子曰五刑之屬三千而罪莫大於不孝五刑謂墨劓剕宮大辟也條有三千而罪之大者莫過不孝要君者無上君者臣之稟命也而敢要之是無上也非聖人者無法聖人制作禮樂而敢非之是無法也非孝者無親善事父母爲孝而敢非之是無親也此大亂之道也言人有上三惡豈唯不孝乃是大亂之道

疏 子曰至道也○正義曰五刑者言刑名有五也三千者
言所犯刑條有三千也所犯雖異其罪乃同故言之屬
以包之就此三千條中其不孝之罪尤大故云而罪莫大於
不孝也凡爲人子當須遵承聖教以孝事親以忠事君君命
宜奉而行之敢要之是無心遵於上也聖人垂範當須法則
今乃非之是無心法於聖人也孝者百行之本事親爲先今
乃非之是無心愛其親也卉木無識尚感君政禽獸無禮尚
知戀親況在人靈而敢要君不孝也逆亂之道此爲大焉故
曰此大亂之道也○注五刑至不孝○正義曰云五刑謂墨
劓剕宮大辟也者此依魏注也此五刑之名皆尚書呂刑文
孔安國云刻其顙而涅之曰墨刑顙額也謂刻額爲瘡以墨
塞瘡孔令變色也墨一名黥又云截鼻曰劓刖足曰剕釋言
云剕刖也李巡曰斷足曰刖是也又云宮淫刑也男子割勢
婦人幽閉次死之刑以男子之陰名爲勢割去其勢與椓去
其陰事亦同也婦人幽閉閉於宮使不得出也又云大辟死
刑也案此五刑之名見於經傳唐虞以來皆有之矣未知上
古起自何時漢文帝始除肉刑除墨劓剕耳宮刑猶在隋開
皇之初始除男子宮刑婦人猶閉於宮此五刑之名義鄭注
周禮司刑引書傳曰決關梁踰城郭而略盜者其刑臏男女
不以義交者其刑宮觸易君命革輿服制度姦軌盜攘傷人

者其刑劓非事而事之出入不以道義而誦不詳之辭者其
刑墨降畔寇賊劫略奪攘撟虔者其刑死案說文云臏膝骨
也刖臏謂斷其膝骨此注不言臏而云剕者據呂刑之文也
云條有三千而罪之大者莫過不孝者案周禮司刑掌五刑
之法以麗萬民之罪墨罪五百劓罪五百宮罪五百剕罪五
百殺罪五百合二千五百至周穆王乃命呂侯入爲司寇令
其訓暢夏禹贖刑增輕削重依夏之法條有三千則周三千
之條首自穆王始也呂刑云墨罰之屬千劓罰之屬千剕罰
之屬五百宮罰之屬三百大辟之罰其屬二百五刑之屬三
千言此三千條中罪之大者莫有過於不孝也案舊注說及
謝安袁宏王獻之殷仲文等皆以不孝之罪聖人惡之云在
三千條外此失經之意也案上章云三者不除雖日用三牲
之養猶爲不孝此承上不孝之後而云三千之罪莫大於不
孝是因其事而便言之本無在外之意案檀弓云子弑父凡
在宮者殺無赦殺其人壞其室洿其宮而豬焉既云學斷斯
獄則明有條可斷也何者易序卦稱有天地然後萬物生焉
自屯蒙至需訟卽爭訟之始也故聖人法雷電以申威刑所
興其來遠矣唐虞以上書傳靡詳舜命皐陶有五刑五刑斯
著案風俗通曰皐陶謨是虞時造也及周穆王訓夏里悝師
魏乃著法經六篇而以盜賊爲首賊之大者有惡逆焉決斷

不違時凡赦不免又有不孝之罪並編十惡之條前世不忘
後世爲式而安宏不孝之罪不列三千之條中今不取也○
注君者至無上也○正義曰此依孔傳也案晉語云諸大夫
迎悼公公曰孤始願不及此孤之及此天也抑人之有元君
將稟命焉明凡爲臣下者皆稟君教命而敢要以從己是有
無上之心故非孝子之行也若臧武仲以防求爲後於魯晉
子犯及河授璧請亡之類是也○注聖人至法也○正義曰
此依孔傳也聖人規模天下法則兆民敢有非毀之者是無
聖人之法也○注善事至親也○正義曰孝爲百行之本敢
有非毀之者是無親愛之心也○注言人至之道○正義曰
言人不忠於君不法於聖不愛於親此皆爲
不孝乃是罪惡之極故經以大亂結之也

廣要道章第十二

疏 正義曰前章明不孝之惡罪之大者及要君非聖人此
乃禮教不容廣宜要道以教化之則能變而爲善也首章
略云至德要道之事而未詳悉所以於此申而演之皆云
廣也故以名章次五刑之後要道先於至德者謂以要道施
化化行而後德彰亦明道
德相成所以互爲先後也

子曰教民親愛莫善於孝教民禮順莫善於悌 言教人親愛禮順無加於孝悌也 移風易俗莫善於樂 風俗移易先入樂聲變隨人心正由君德正之與變因樂而彰故曰莫善於樂 安上治民莫善於禮 禮所以正君臣父子之別明男女長幼之序故可以安上化下也

疏 子曰至於禮○正義曰此夫子述廣要之
義言君欲教民親於君而愛之者莫善於身自行孝也君能
行孝則民效之皆親愛其君欲教民禮於長而順之者莫善
於身自行悌也人君行悌則人效之皆以禮順從其長也欲
移易風俗之弊敗者莫善於聽樂而正之欲身安於上民治
於下者莫善於行禮以帥之○注言教至悌也○正義曰言
欲民親愛於君禮順於長者莫善於身自行孝悌之善也○
注風俗至於樂○正義曰云風俗移易先入樂聲者子夏詩
序云風風也教也風以動之教以化之韋昭曰人之性繫於
大人大人風聲故謂之風隨其趣舍之情欲故謂之俗詩序
又曰至于王道衰禮義廢政教失國異政家殊俗而變風變
雅作矣是入樂聲之義也云變隨人心正由君德者詩序又
曰國史明乎得失之迹傷人倫之廢哀刑政之苛吟詠情性

以風其上故變風發乎情止乎禮義發乎情民之性也止乎禮義先王之澤也以斯言之則知樂者本於情性聲者因乎政教政教失則人情壞人情壞則樂聲移是變隨人心也國史明之遂吟以風上也受其風上而行其失乃行禮義以正之教化以美之上政既和人情自治是正由君德也云正之與變因樂而彰故曰莫善於樂者詩序又曰治世之音安以樂其政和亂世之音怨以怒其政乖亡國之音哀以思其民困又尚書益稷篇舜曰予欲聞六律五聲八音在治忽孔安國云在察天下理治及忽怠者皆是因樂而彰也案禮記云大樂與天地同和則自生人以來皆有樂性也世本曰伏羲造琴瑟則其樂器漸於伏羲也史籍皆言黃帝樂曰雲門顓頊曰六英帝嚳曰五莖堯曰咸池舜曰大韶禹曰大夏湯曰大濩武曰大武於樂之聲節起自黃帝也○注禮所至下也正義曰云禮所以正君臣父子之別明男女長幼之序者此依魏注也禮記云非禮無以辨君臣上下長幼之位非禮無以辨男女父子兄弟之親是也云故可以安上化下也者釋安上治民也制旨曰禮殊事而合敬樂異人而同愛敬愛之極是謂要道神而明之是謂至德故必由斯人以私斯教而後禮樂興焉政令行焉以盛德之訓傳於樂聲則感人深而風俗移易以盛德之化措諸禮容則悅者衆而名教著明蘊乎

其樂章乎其禮故相待而成矣然則韶樂存於齊而民不爲之易周禮備於魯而君不獲其安亦政教失其極耳夫豈禮樂之咎乎

禮者敬而已矣敬者禮之本也故敬其父則子悅敬其兄則弟悅敬其君則臣悅敬一人而千萬人悅居上敬下盡得懽心故曰悅也所敬者寡而悅者衆此之謂要道也

【疏】禮者至道也○正義曰此承上莫善於禮也言禮者敬而已矣謂禮主於敬也人○明敬功至廣是要道也其要正以謂天子敬人之父則其子皆悅敬人之兄則其弟皆悅敬人之君則其臣皆悅此皆敬父兄及君一人則其子弟及臣千萬人皆悅故其所敬者寡而悅者衆即前章所言先王有至德要道者皆此義之謂也○注敬者禮之本也○正義曰此依鄭注也案曲禮曰毋不敬是也○注居上至悅也○正義曰云居上敬下者案尚書五子之歌云爲人上者奈何不敬謂居上位須敬其下云盡得懽心故曰悅也者言得懽心則無所不悅也案孝治章云故得萬國之懽心是也舊注云一人謂父兄君千萬人謂子弟臣也者此依孔傳也一人指受敬之人則知謂父兄君也千萬人指其喜悅者則知謂子弟臣也夫子弟及臣名何啻千萬言千萬人者舉其大數也

孝經注疏卷第六

署福建道監察御史武寧盧浙栞

孝經注疏卷六挍勘記　阮元撰盧宣旬摘錄

孝經注疏卷第六

紀孝行章第十 正義云或於孝行之下又加犯法兩字今不取也

次聖人之後 案人當作治

擗踊哭泣 石臺本踊作踴監本岀誤立案說文有擗無躃

齊戒沐浴 石臺本岳本閩本監本毛本齊作齋

謂平常居處家之時也當須盡於恭敬 正誤處下有在字無也字於作其

致親之孝 正誤孝當作懽是也

啟進甘脆而后退 諸本作進此本誤道今改正毛本后改後

言孝子冬溫夏清 閩本毛本清作凊是也

此古之世子 浦鏜云此當記字誤

其有不安止 閩本監本毛本止作節是也

雖儗人非其倫 閩本監本毛本儗改擬案作儗是也

以舉重以明輕之義也 毛本上以字作亦是也

其義與於彼 正誤與作具是也

謂以兵刃相加 監本刃誤不

此則刃劒之屬 正誤刃作刀依左傳注改

五刑章第十一

又禮記間喪云 案間喪當作服問

喪多而服五罪多而刑五 案此二句誤倒當乙轉

君者臣之稟命也 石臺本之作所岳本監本毛本稟作稟與石臺本合

聖人制作禮樂 石臺本岳本樂作法

尚感君政 正誤政作仁

劓其顙而涅之曰墨 案劓當作刻

釋言云刵刖也 案爾雅刵作跀說文亦作跀

與椓去其陰 監本毛本椓作㧻案說文作斀云去陰之刑也古書作劅云刑也今書呂刑作椓尚書撰異作劅顏云今本劅作椓此唐天寶三載衛包所改也孔訓劅為椓陰衛妄謂劅古字椓今字以椓改劅而宋開寶五年又改釋文大書劅為椓矣正義亦遭天寶後改從衛包而時有改之未盡者如卷二引鄭本尚書劓刖劅剠此篇云劅椓人陰是其證也

隋開皇之初始除男子宮刑 宋王應麟云按通鑑西魏大統十三年三月除宮刑非始於隋

案說文云臏膝骨也 說文臏作髕膝作厀案臏者髕之俗字

則臏謂斷其膝骨 閩本監本毛本則作刖是也

以厲萬民之罪 案厲當作勵

子弒父凡在官者殺無赦 監本官作宮是也

廣要道章第十二

故以右章 閩本監本毛本右作名是也

化行而後徧彰 正誤徧作德是也

莫善於悌 鄭注本作弟此正義本則作悌

此夫子述廣要之義 正誤要下補道字是也

陷其越舍之情欲 監本毛本越作趨是也

於樂之聲節 正誤於作則

禮云 正誤云上補記字

非禮無以辨男女父子兄弟之親是也 禮記辨作別

制百口 閩本監本毛本作樂記云

樂異人而同愛 案人當作文同禮記作合

敬一人而千萬人悅 毛本而誤則

入明敬功至廣 閩本監本毛本入作又是也

孝經注疏卷六挍勘記終

新建生員杜繁校

孝經注疏卷第七

邢昺注疏

廣至德章第十三

疏 正義曰首章標至德之目此章明廣至德之義故以名章次廣要道之後

子曰君子之教以孝也非家至而日見之也 言教不必家到戶至日見而語之但行孝於內其化自流於外 教以孝所以敬天下之爲人父者也教以悌所以敬天下之爲人兄者也 擧孝悌以爲教則天下之爲人子弟者無不敬其父兄也 教以臣所以敬天下之爲人君者也 擧臣道以爲教則天下之爲人臣者無不敬其君也 疏 子曰至君者也 正義曰此夫子述廣至德之義言聖人君子教人行孝事其親者非家家悉至而日見之但教之以孝則天下之爲人父者皆得其子之敬也教之以悌則天下之爲人兄者皆得其弟之敬也教之以臣則天下之爲君者皆得其臣之敬○注言教至於外 正義曰此依鄭注也祭義所謂孝悌發諸朝廷行乎道路至乎閭巷是流於外○注擧孝至父兄也○正義曰云擧孝悌以爲教者此依王注也案禮記祭義曰祀乎明堂所以教諸侯之孝也食三老五更於太學所以教諸侯之弟也此即謂發諸朝廷至乎州里是也云則天下之爲人子弟者無不敬其父兄也者言皆敬也案舊注用應劭漢官儀云天子無父父事三老兄事五更乃以事父事兄爲教孝悌之禮案禮教敬自有明文假令天子事三老蓋同庶人倍年以長之敬本非教孝子之事今所不取也○注擧臣至君也 正義曰此依王注也案祭義云朝覲所以教諸侯之臣也者諸侯列國之君也若朝覲於王則身行臣禮言聖人制此朝覲之法本以教諸侯之爲臣也則諸侯之卿大夫亦各放象其君而行事君之禮也劉炫以爲將教爲臣之道固須天子身行者案禮運曰故先王患禮之不達於下也故祭帝於郊謂郊祭之禮冊祝稱臣是亦以見天子以身率下之義也 詩云愷悌君子民之父母 愷樂也悌易也義取君以樂易之道化人則爲天下蒼生之父母也 非至德其孰能順民如此其大者乎 疏 詩云至者乎 正義曰夫子旣述至德之教已畢乃引大雅泂酌之詩以贊美之愷樂也悌易也言樂易之君子能順民心而行教化乃爲民之父母若非至德之君其誰能順民心如此其廣大者乎孰誰也案禮記表記稱子言之君子所謂仁者其難乎詩云凱弟君子民之父母凱以强教之弟以說安之使民有父之尊有母之親如此而后可以爲民父母矣非至德其孰能如此乎此章於孰能下加順民如此下加其大者與表記爲異其大意不殊而皇侃以爲并結要道至德兩章或失經旨也劉炫以爲詩美民之父母證君之行教未證至德之大故於詩下別起歎辭所以異於餘章頗近之矣○注愷樂至母也 正義曰愷樂悌易釋詁文云義取君以樂易之道化人則爲天下蒼生之父母也者亦言引詩大意如此蒼生尚書文謂天下黔首爲蒼蒼然衆多之貌也孔安國以爲蒼蒼然生草木之處今不取也

廣揚名章第十四

疏 正義曰首章略言揚名之義而未審而於此廣之故以名章次至德之後

子曰君子之事親孝故忠可移於君 以孝事君則忠 事兄悌故順可移於長 以敬事長則順 居家理故治可移於官 君子所居則化故可移於官也 是以行成於內而名立於後世矣 脩上三德於內名自傳於後代 疏 子曰至世矣 正義曰此夫子廣述揚名之義言君子之事親能孝者故資孝爲忠可移孝行以事君也事兄能悌者故資悌爲順可移悌行以事長也居家能理者故資治爲政可移於績以施於官也是以君子居能以此善行成之於內則令名立於身沒之後也先儒以爲居家理下闕一故字御注加之○注以孝事君則忠 正義曰此一章之文義已見於上○注以敬事長則順 正義曰此依鄭注也亦士章之文敬悌義同已具上釋然人之行敬則有輕有重敬父敬君則重也敬兄敬長則輕也○注君子至官也 正義曰此依鄭注也論語云君子不器言無所不施○注脩上至後代 正義曰此依鄭注也三德則上章云移孝以事於君移悌以事於長移理以施於官也言此三德不失則其令名常自傳於後世經云立而注爲傳者立謂常有之名傳謂不絶之稱但能不絶即是常有之行故以傳釋立也

諫諍章第十五

【疏】正義曰此章言爲臣子之道若遇君父有失皆諫爭也曾子問聞揚名已上之義而問子從父之令夫子以令有善惡不可盡從乃爲述諫爭之事故以名章次揚名之後

曾子曰若夫慈愛恭敬安親揚名則聞命矣

敢問子從父之令可謂孝乎 事父有隱無犯又敬不違故疑而問之○

【疏】曾子至孝乎○正義曰前章以來唯論愛敬及安親之事未說規諫之道故又假曾子之問曰若夫慈愛恭敬安親揚名則已聞命矣敢問子從父之教令亦可謂之孝乎疑而問之故稱乎也詩上所陳唯言敬愛未及慈恭而曾子并言慈恭已聞命矣者皇侃以爲上陳愛敬則包於慈恭矣慈者孜孜愛者念惜恭者貌多心少敬者心多貌少如侃之說則慈恭愛敬之別何故云包慈恭也或曰慈者接下之別名愛者奉上之通稱劉炫引禮記內則說子事父母慈以旨甘喪服四制云高宗慈良於喪莊子曰事親則孝慈此並施於事上夫愛出於內慈爲愛體敬生於心恭爲敬貌此經悉

陳事親之跡寧有接下之文夫子據心而爲言所以唯稱愛敬曾參體貌而兼取所以并舉慈恭如劉炫此言則知慈是愛親也恭是敬親也安親則上章云故生則親安之揚名即上章云揚名於後世矣經稱夫有六焉蓋發言之端也曰夫孝始於事親二曰夫孝德之本三曰夫孝人之經四曰夫然故生則親安之五曰夫聖人之德此章云若夫慈愛並御明前理而下有其趣故言夫以起之劉瓛曰夫猶凡也○注事父至問之○正義曰禮記檀弓云事親有隱而無犯以經云從父之令故注變親爲父案論語云事父母幾諫見志不從又敬不違引此二文以成疑疏證曾子有可問之端也

子曰是何言與是何言與 有非而從成父不義理所不可故再言之

昔者天子有爭臣七人雖無道不失其天下諸侯有爭臣五人雖無道不失其國大夫有爭臣三人雖無道不失其家 降殺以兩尊卑之差爭謂諫也言雖無道爲有爭臣則終不至失天下亡家國也

士有爭友則身不離於令名 令善也益者三友言受忠告故不失其善名

父有爭子則身不陷於不義 父失則諫故免陷於不義

故當不義則子不可以不爭於父臣不可以不爭於君 不爭則非忠孝

故當不義則爭之從父之令又焉得爲孝乎

【疏】子曰至孝乎○正義曰夫子以曾參所問於理乖僻陳諫爭之義因乃諮而荅之曰汝之此問是何言與再言之者明其深不可也既諮之後乃爲曾子說必須諫爭之事言臣之諫君子之諫父自古攸然故言昔者天子治天下有諫爭之臣七人雖復無道昧於政教不至失於天下言無道者謂無道德諸侯有諫爭之臣五人雖無道亦不失其國也大夫有諫爭之臣三人雖無道亦不失於其家士有諫爭之友則其身不離遠於善名也父有諫爭之子則身不陷於不義故君父有不義之事凡爲臣子者不可以不諫爭以此之故當不義則須諫之又結此以荅曾子曰今若每事從父之令又焉得爲孝乎言不得也案曾子唯問從父之令不指當時而言昔者皇侃云夫子述孝經之時當周亂衰之代無此諫爭之臣故言昔者也不言先王而言天

子者諸稱先王皆指聖德之主此言無道所以不稱先王也○注有非至不義○正義曰言父有非子從而行不諫是成父之不義云理所不可故再言之者義以見於上○注降殺至國也○正義曰左傳云自上以下降殺以兩禮也謂天子尊故七人諸侯卑於天子降兩故有五人大夫卑於諸侯降兩故有三人論語云信而後諫左傳云伏死而爭此蓋謂極諫爲爭也若隨無道人各有心鬼神之主季梁猶在楚不敢伐是有爭臣不亡其國舉中而率則大夫天子從可知也不言國家嫌如獨指一國也國則諸侯也家則大夫也注貴省文敵曰家國也案孔鄭二注及先儒所傳並引禮記文王世子以解七人之義案文王世子記曰虞夏商周有師保有疑丞設四輔及三公不必備惟其人又尚書大傳曰古者天子必有四鄰前曰疑後曰丞左曰輔右曰弼天子有問無對責之疑可志而不志責之丞可正而不正責之輔可揚而不揚責之弼其爵視卿其祿視次國之君大傳四鄰則見之四輔兼三公以充七人之數諸侯五者孔傳指天子所命之孤及三卿與上大夫王肅指三卿內史外史以充五人之數大夫三者孔傳指家相室老側室以充三人之數王肅無側室而謂邑宰斯並以意解說恐非經義劉炫云案下文云子不可以不爭於父臣不可以不爭於君則爲子爲臣皆當諫爭豈獨

大臣當爭小臣不爭乎豈獨長子當爭其父衆子不爭者乎若父有十子皆得諫爭王之百辟惟許七人是天子之佐乃少於匹夫也又案洛誥云成王謂周公曰誕保文武受民亂爲四輔同命穆王命伯冏惟予一人無良實賴左右前後有位之士匡其不及據此而言則左右前後四輔之謂也疑丞輔弼當指於諸臣非是別立官也謹案周禮不列疑丞周官歷敘羣司顧命總名卿士左傳云龍師鳥紀曲禮云五官六大無言疑丞輔弼專掌諫爭者若使爵視於卿祿比次國周禮何以不載經傳何以無文且伏生大傳以四輔解爲四鄰孔注尚書以四鄰爲前後左右之臣而不爲疑丞輔弼安得又采其說也左傳稱周主中父之爲太史也命百官官箴王闕師曠說匡諫之事史爲書瞽爲詩工誦箴諫大夫規誨士傳言官師相規工執藝事以諫此則凡在人臣皆合諫也夫子言天子有天下之廣七人則足以見諫爭功之大故舉少以言之也然父有爭子士有爭友雖無定數要一人爲率自下而上稍增二人則從上而下當如禮之降殺故舉七五三人也劉炫之讜義雖合通途何者傳載忠言比於藥石逆耳苦口隨要而施若指不備之員以匡無道之主欲求不失其可得乎先儒所論今不取也○注令善至善名○正義曰令善也釋詁文云益者三友論語文即友直友諒友多聞益矣是

也云言受忠告故不失其善名者論語云子貢問友子曰忠告而善道之言善名爲受忠告而後成也大夫以上皆云不失天下獨云不離不離即不失也○注父失至不義○正義曰此依鄭注也案內則云父母有過下氣怡色柔聲以諫諫若不入起敬起孝說則復諫曲禮曰子之事親也三諫而不聽則號泣而隨之言父有非故須諫之以正道庶免陷於不義也

孝經注疏卷第七

[illegible]盧氏宣旬校定

嘉慶二十年重刊宋本十三經注疏用文選樓藏本校

署福建道監察御史武寧盧浙栞

孝經注疏卷七挍勘記　阮元撰盧宣旬摘錄

孝經注疏卷第七

廣至德章第十三

言教不必家到戶至 正義曰此依鄭注也案李善注文選庾元規讓中書令表引鄭注云非門到戶至而見之又注任彥昇齊竟陵文宣王行狀引鄭注云非門到戶至而日見也石臺本門改家諸本仍之

則天下之爲君者 正誤爲下補人字是也

至乎閭巷 案禮記作州巷下作州里亦非

案禮致敬 正誤敬作孝

若朝覲於王 閩本監本毛本若作君是也

詩云凱弟君子 閩本監本毛本凱弟作愷悌

皇侃以爲并結要道至德兩章 閩本監本毛本紿作結是也

廣廣揚名章第十四

次德之後 案次下脫廣至二字

居家理故治可移於官 正義曰先儒以爲居家理下闕一故字御注加之案釋文注云讀居家理故治與上異讀似陸氏所據本亦無故字後人依石臺本增人非也

此夫子廣述揚名之義 案當作遮廣

可移於續 正誤於作治是也

居能以此善行成之於內 正誤居作若是也

此一章之文 正誤一改士是也

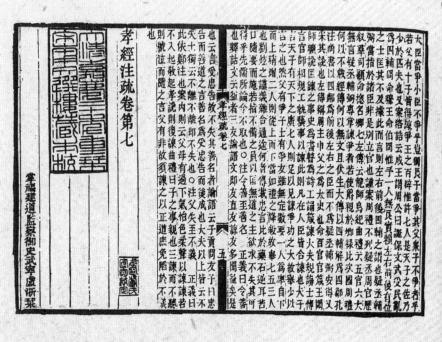

亦士章之敬悌義同 案敬悌當作孝順

諫諍章第十五 石臺本唐石經岳本作爭案正義前後並作諫爭經爭臣爭友爭子今本白虎通引並作諍非

皆諫諍也 案當作爭

曾子因聞揚名已上之義 諸本因作問依正誤改

故疑而問之 岳本之下有也字衍文

夫孝人之經 案人當作天

劉獻曰 閩本監本毛本獻作瓛案作獻避所諱

子曰是何言與 鄭注本作歟用正字此正義本作與則用假借字

不失其天下 石臺本無其字釋文同案正義本無其字漢書霍光傳云聞天子有爭臣七人雖無道不失天下陸德明云或作不失其天下其字衍耳

則身不離於令名 鄭注本無不字與此不同說詳釋文挍勘記

則身不陷於不義 閩本陷作陥注及正義同石臺本唐石經案熙寧石刻岳本監本毛本作陷是也

陳諫爭之義 正誤陳作非是也

鬼神之主 正誤之作乏

則見之四輔 正誤見作記

商命 閩本監本毛本商作冏是也下同

揔名卿七 監本毛本揔作總七作士案作士是也

左傳稱周主申父之爲太史也 毛本父作甫案主申父當作辛甲

瞽爲詩 閩本監本毛本作瞽此本誤鼓今改正

以匡無道之主 閩本監本毛本作匡此本誤宝今改正

止

孝經注疏卷第八

感應章第十六

邢昺注疏

疏 正義曰此章言天地明察神明彰矣又云孝悌之事通於神明皆是應感之事也前章論諫諍之事言人主若從諫爭之善必能脩身慎行致應感之福故以名章次於諫爭之後

子曰昔者明王事父孝故事天明事母孝故事地察王者父事天母事地言能致事宗廟則事天地能明察也長幼順故上下治君能尊諸父先諸兄則長幼之道順君人之化理天地明察神明彰矣事天地能明察則神感至誠而降福佑故曰彰也

疏 子曰昔者明王至神明彰矣○正義曰此章夫子述明王以孝事父母能致感應之事言昔者明聖之王事父能孝故事天能明言能明天之道故易說卦云乾爲天爲父此言事父孝故能事天明是事父之孝通。天也事母能孝故事地能察言能察地之理故說卦云坤爲地爲母此言事母孝故事地察則是事母之道通於地也明王又於宗族長幼之中皆順於禮則凡在上下之人皆自化也又明王之事天地既能明察必致福應則神明之功彰見謂陰陽和風雨時人無疾厲天下安寧也經稱明王者二焉一曰昔者明王之以孝治天下也二即此章言昔者明王事父孝俱是聖明之義與先王爲一也言先王示及遠也言明王示聰明也○注王者至察也○正義曰云王者父事天母事地者此依王注義也案白虎通云王者父天母地此言事者謂移事父母之孝以事天地也云言能敬事宗廟則事天地能明察也者謂蒸嘗以時疏數合禮是敬事宗廟也既能敬宗廟則不違犯天地之時若祭義曾子曰樹木以時伐焉禽獸以時殺焉夫子曰斷一樹殺一獸不以其時非孝也又王制曰獺祭魚然後虞人入澤梁豺祭獸然後田獵鳩化爲鷹然後設罻羅草木零落然後入山林昆蟲未蟄不以火田此則令無大小皆順天地是事天地能明察也○注君能至化理○正義曰此言明王能順長幼之道則臣下化之而自理也謂放效於君書曰違上所命從厥攸好是效之也○注事天至彰也○正義曰誠和也言事天地若能明察則神祇感其至和不降福應以祐助之是神明之功彰見也書云至誠感神又瑞應圖曰聖人能順天地則天降膏露地出醴泉詩云降福穰穰易曰自天祐

之吉無不利注約諸文以釋之也案此則神感至誠當爲至誠今定本作至誠字之誤也故雖天子必有尊也言有父也必有先也言有兄也父謂諸父兄謂諸兄皆祖考之亂也禮君燕族人與父兄齒也宗廟致敬不忘親也言能敬事宗廟則不敢忘其親也脩身慎行恐辱先也天子雖無上於天下猶脩持其身謹慎其行恐辱先祖而毀盛業也宗廟致敬鬼神著矣事宗廟能盡敬則祖考來格享於克誠故曰著也孝悌之至通於神明光于四海無所不通能敬宗廟順長幼以極孝悌之心則至性通於神明光于四海故曰無所不通

疏 故雖至不通○正義曰故者連上起下之辭以上文云事父孝又云事母孝又云長幼順所以於此述尊父先兄之義以及致敬與脩身之道業言鬼神之著孝悌之至無所不通也言王者雖貴爲天子於天下宗族之中必有所尊之者謂天子有諸父也必有所先之者謂天子有諸兄也宗廟致敬是不忘其親脩身慎行是不辱其祖考故能致敬於宗廟則鬼神明著而歆享之是明王有孝悌之至性感通神明則能光于四海無所不通然諫爭兼有諸侯大夫此章唯備王者言王能致應感則諸侯已下亦當自勉勵也○注父謂至齒也○正義曰云父謂諸父兄謂諸兄皆父之昆弟曰伯父叔父巳之昆曰兄其屬非一故言諸也詩曰以逮諸父又曰復我諸兄是也云皆祖考之亂也者案曲禮曰父死曰考言父以上通謂之祖考亂嗣也謂其廟未毀其亂皆是王者之族親也云禮君燕族人與父兄齒也者此依孔傳也案詩序角弓父兄刺幽王蓋謂君之諸父諸兄也古者天子祭畢同姓則留之謂與族人燕故其詩曰諸父兄弟備言燕私鄭箋云祭畢歸賓客之祖同姓則留與之燕是天子燕族人也又禮記文王世子云若公與族燕則異姓爲賓膳宰爲主人公與父兄齒則知燕族人亦以尊卑爲列齒於父兄之下也○注言能至親也正義曰案禮記文王世子稱五廟之孫祖廟未毀雖爲庶人冠取妻必告死必赴是不忘親也禮記大傳稱其不可得變革者則有矣親親也尊尊也長長也親親故尊祖尊祖故敬宗敬宗故收族收族故宗廟嚴言君致敬宗廟則不敢忘其親也○注天子至業也○正義曰云天子雖無上於天下者此依正注也禮坊記云天無二日土無二王家無二主尊無二上謂普天之下天子至尊也云猶脩持其身謹慎其行恐

辱先祖而毀盛業也者案禮記祭義云父母既沒愼行不辱先也盛業謂先祖積德累功而有天下之業上言必有先也先兄也此言恐辱先也是先祖也○注事宗至著也 正義曰云祖考來格者尚書益稷文格至也言事宗廟能恭敬則祖考之神來格詩曰神保是格報以介福亦是言神之至云享於克誠故曰著也者享於克誠尚書太甲篇文孔傳云言鬼神不保一人能誠信者則享其祀則祖考來格享於克誠皆招著之義上言宗廟致敬謂天子尊諸父先諸兄致敬祖考不敢忘其親也此言宗廟致敬述天子致敬宗廟能感鬼神雖同稱致敬而各有所屬也舊注以爲事生者易事死者難聖人愼之故重其文今不取也上言神明謂天地之神也此言鬼神謂祖考之神易曰陰陽不測之謂神先儒釋云若就三才相對則天曰神地曰祇人曰鬼言天道玄遠難可測故曰神也祇者知也言地去人近長育可知故曰祇也鬼者歸也言人生於無還歸於無故曰鬼也亦謂之神案五帝德云黃帝死而民畏其神百年是也上言神明尊天地也此言鬼神尊祖考也○注能敬至不通 正義曰能敬宗廟順長幼以極孝悌之心者敬宗廟爲孝順長幼爲悌此極孝悌之心也云則至性通於神明光於四海曰至性如此則通於神明光於四海故

詩云自西自東自南自北無思不服 義取德教流行莫不服義從化也 疏 詩云至不服○正義曰夫子述孝悌之事感應之美既畢乃引大雅文王有聲之詩以贊美之自從也言從近及遠於四方皆感德化自無有思而不服之者以明無所不通詩本文云鎬京辟雍自西自東自南自北無思不服此則辟雍東北服對句爲韻而皇侃云先言西者此是周詩謂化從西起所以文王爲西伯又爲西鄰自西而東滅紂恐非其義也○注義取至化也○正義曰此依鄭注也德化流行則無不從服義從化即無思不服言服明王之義從明王之化也

事君章第十七

疏 正義曰此章首言君子之事上又言進思盡忠退思補過皆是事君之道孔子曰天下有道則見無道則隱前章言明王之德應感之美天下從化無思不服此孝子升朝事君之時也故以名章次應感之後

子曰君子之事上也 上謂君也 進思盡忠 進見於君則思盡忠節 退思補過 君有過失則思補益 將順其美 將行也君有美善則順而行之

匡救其惡 匡正也救止也君有過惡則正而止之 故上下能相親也 下以忠事上上以義接下君臣同德故能相親 疏 子曰至親也○正義曰此明賢人君子之事君也言入朝進見與謀慮國事則思盡其忠節若退朝而歸常念己之職事則思補君之過失其於政化則當順行君之美道止正君之過惡如此則能君臣上下情志通協能相親也經稱君子有七焉一曰君子不貴二曰君子則不然三曰淑人君子四曰君子之教以孝五曰愷悌君子已上皆斷章指於聖人君子謂居君位而子下人也六曰君子之事親孝故此章君子之事上則皆指於賢人君子也○注上謂君也○正義曰此對論語云孝悌而好犯上者鮮矣彼上謂凡在己上者此上惟指君故云上謂君也○注進見至忠節○正義曰此依韋注也說文云忠敬也盡心曰忠字詁曰忠直也論語曰臣事君以忠則忠者善事君之名也節操也言事君者儆其職事直其操行盡其忠誠也言臣常思盡其節操能致身授命也○注君有至補益○正義曰案舊注韋昭云退歸私室則思補其身過以禮記少儀曰朝廷曰退燕遊曰歸左傳引詩曰退食自公杜預注臣自公門而退入私門無不順禮室猶家也謂退朝理公事畢而還家之時則當思慮以補身之過故國語曰士朝而受業晝而講貫夕而習復夜而計過無憾而後即安言若有憾則不能安是思自補也案左傳晉荀林父爲楚所敗歸請死於晉侯晉侯許之士渥濁諫曰林父之事君也進思盡忠退思補過晉侯赦之使復其位是其義也文意正與此同故注依此傳文而釋之今云君有過則思補益出制旨也義取詩大雅烝民云袞職有闕惟仲山甫補之毛傳云有袞冕者君之上服也仲山甫補之善補過也鄭箋云袞職者不敢斥王言也王之職有缺輒能補之者仲山甫也此理爲勝故易舊也○注將行至行之○正義曰此依王注也案孔注尚書大誓云肅將天威爲敬行天罰是將訓爲行也言君施政教有美則當順而行之○注匡正也救止也○正義曰此依王注也匡正釋詁文也馬融注論語云救猶止也云君有過惡則正而止之者尚書云予違汝弼汝無面從是也○注下以至相親○正義曰此依魏注也書曰於上克明爲下克忠是其義也左傳曰君義臣行如此則能相親也

詩云心乎愛矣遐不謂矣中心藏之何日忘之 遐遠也義取臣心愛君雖離左右不謂爲遠愛君之志恒藏心中無日蹔忘也 疏 詩云至忘之○正義曰夫子述事君之道既已乃引小雅隰桑之詩以結之言忠臣事君

雖復有時離遠不在君之左右然其心之愛君不謂爲遠中心常藏事君之道何日暫忘之○注遐遠至忘也○正義曰云遐遠也義取臣心愛君雖離左右不謂爲遠者遐遠也釋詁文此釋心乎愛矣遐不謂矣云愛君之志恒藏心中無日蹔忘也者釋中心藏之何日忘之案檀弓說事君之禮云左右就養有方此則臣之事君有常在左右之義也若周公出征管叔蔡叔召公聽訟於甘棠是離左右也

孝經注疏卷第八

淸嘉慶二十年重栞宋本十三經藏本校

掌福建道監察御史武寧盧浙栞

孝經注疏卷八校勘記　阮元撰盧宣旬摘錄

孝經注疏卷第八

感應章第十六石臺本唐石經岳本作應感正義前後並同今本作感應依鄭注本改非正義本也

孝悌之事案事當作至

言能致事宗廟石臺本岳本閩本監本毛本致作敬不誤

神明彰矣鄭注本作章矣此正義本則作彰矣

則神感至誠而降福佑毛本誠作誠正義曰按此則神感至誠當爲至誠今定本作至誠字之誤也案陸氏尙書音義亦作誠音咸毛本作誠是也

能致感應之事案感應當作應感此處誤倒

是事父之孝通天也正誤通下補於字案下文作事母之道此作之孝二者必有一誤

此依王注義也閩本監本毛本王作玉不誤

謂蒸嘗以時浦鏜云蒸當作烝

誠和也監本毛本誠作誠是也

則神祇感其至和字別閩本監本祇作祗案祗訓敬與神祇

不降福應閩本監本毛本不作而是也

書曰至誠感神毛本誠作誠是也

自天祐之毛本祐作佑案當作祐

當爲至誠毛本誠作誠是也

享於克誠石臺本享作亨

光于四海大戴記曾子大孝云衡之而横於四海小戴記祭義溥之而横於四海庶人章正義横乎四海北也

孝行論塞天地橫四海則此古本亦必作橫鄭氏注樂記號
以立橫孔子閒居以橫於天下並云橫充也即爾雅之桄充
也書堯典僞孔傳光充孔沖遠正義光充釋言文案戴震云
橫轉爲桄誤脫爲光又云光被四表古本必有作橫被四表
者其說甚詳獨未及此經

光于四海　石臺本岳本于作於

是不忘其祖考　閩本監本毛本忘作辱是也

然諫議兼有諸侯大夫　毛本議作諍案諍當作爭

謂與族人讌　閩本監本毛本讌作燕下文並同按燕乃宴之假借字讌俗字

故其詩曰　浦鏜云其當作楚茨

祖廟未許　閩本監本毛本許作毀是也

此依正注也　閩本監本毛本正作王是也

禮防記云　閩本監本毛本防作坊案禮作坊坊乃防之別體廣韻坊下注云見禮即指此

地曰祇　閩本監本祇誤祗下同

故曰祇也　毛本祗作祇是也

故曰至性如此　浦鏜云故日當者言二字之誤

光於四海　毛本於作于

疏爲德教流行　石臺本閩本監本毛本疏爲作義取不誤

莫不敬義從化也　石臺本閩本監本毛本敬作服正義云此依鄭注也案鄭注本則作被自石臺本改爲服諸本仍之

以明無所不道　閩本監本毛本道作通是也

詩今文云　浦鏜云今文二字衍文

德教流行　諸本教作化依正誤改

事君章第十七

次應感之後　正誤作感應非是

子曰君子之事上也　石臺本唐石經宋熙寧石刻岳本閩本監本毛本作君此本誤孝今改正

故上下能相親也　唐石經初刻作故上下能相親磨改增也字故此行十一字

而子人下也　此本脫子字依閩本監本毛本補

六曰君子之事親孝　此本六曰之閒空闕一格非是

不敢作王言也　閩本監本毛本作作斥是也

王之職有缺　監本毛本缺作闕是也

尙書太誓云　閩本監本毛本太作泰案當作大王應麟困學紀聞云泰誓古文作大誓晁氏曰開元間衛包定今文始作泰

匡正釋詁文也　案詁當作言

汝無面從是也　閩本監本毛本作面此本誤而今改正

無日暫忘也　岳本暫作暫案玉篇云暫與暫同監本忘誤志

雖復有時離遠　閩本監本毛本作遠此本誤違今改正

孝經注疏卷八挍勘記終

新建生員杜煦挍

孝經注疏卷第九

邢昺注疏

喪親章第十八

疏 正義曰此章首云孝子之喪親也故章中皆論喪親之事喪亡也失也父母之亡沒謂之喪親言孝子亡失其親也故以名章結之於末矣

子曰孝子之喪親也 生事已畢死事未見故發此事 哭不偯 氣竭而息聲不委曲 禮無容 觸地無容 言不文 不爲文飾 服美不安 不安美飾故服縗麻 聞樂不樂 悲哀在心故不樂也 食旨不甘 旨美也不甘美味故疏食水飲 此哀戚之情也 謂上六句 三日而食教民無以死傷生毀不滅性此聖人之政也 不食三日哀毀過情滅性而死皆虧孝道故聖人制禮施教不令至於殞滅 喪不過三年示民有終也 三年之喪天下達禮使不肖企及賢者俯從夫孝子有終身之憂聖人以三年爲制者使人知有終竟之限也

疏 子曰至終也 ○正義曰此夫子述喪親之義言孝子之喪親哭以氣竭而止不有餘偯之聲舉措進退之禮無趨翔之容有事應言則言不爲文飾服美不以爲安聞樂不以爲樂假食美味不以爲甘此上六事皆哀感之情也三日而食者聖人設教無以親死多日不食傷及生人雖則毀瘠不令至於殞滅性命此聖人所制喪禮之政也又服喪不過三年示民有終畢之終也○注生事至此事○正義曰此依鄭注也生事謂上十七章說生事之禮已畢其死事經則未見故又發此章以言也○注氣竭至委曲○正義曰此依鄭注也禮記間傳曰斬衰之哭若往而不反齊衰之哭若往而反此注據斬衰而言之是氣竭而後止息又曰大功之哭三曲而偯鄭注云三曲一舉聲而三折也偯聲餘從容也是偯爲聲餘委曲也斬衰則不偯故云聲不委曲也○注觸地無容○正義曰此禮記問喪之文也以其悲哀在心故形變於外所以稽顙觸地無容哀之至也○注不爲文飾○正義曰案喪服四制云三年之喪君不言又云不言而事行者扶而起言而后事行者杖而起鄭玄云扶而起謂天子諸侯也杖而起謂大夫士也今此經云言不文則是謂臣下也雖則有言志在哀感不爲文飾也

○注不安至縗麻○正義曰案論語孔子責宰我云食夫稻衣夫錦於汝安乎美飾謂錦繡之類也故禮記問喪云身不安美是也孝子喪親心如斬截爲其不安美飾故聖人制禮令服縗麻當心衰布長六寸廣四寸麻爲要經首經俱以麻爲之縗之言摧也經之言實也孝子服之明其心實摧痛也韋昭引書云成王既崩康王冕服即位既事畢反喪服據此則天子諸侯但位定初喪是皆服美故宜不安也○注悲哀至樂也○正義曰此依鄭注也言至痛中發悲哀在心雖聞樂聲不爲樂也○注旨美至水飲○正義曰旨美經傳常訓也嚴植之曰美食人之所甘孝子不以爲甘故問喪云口不甘味是不甘美味也間傳曰父母之喪既殯食粥既虞卒哭疏食水飲不食菜果是疏食水飲也韋昭引曲禮云有疾則飲酒食肉是爲食旨故宜不甘也○注不食至殞滅○正義曰經云三日而食教不滅性注言不食三日即三日不食也云哀毀過情者是毀瘠過度也言三日不食及毀瘠過度同此二者有致危亡皆虧孝行之道禮記問喪云親始死傷腎乾肝焦肺水漿不入口三日又間傳稱斬衰三日不食此云三日而食者何劉炫言三日之後乃食皆謂滿三日則食也云故聖人制禮施教不令至於殞滅者曲禮云居喪之禮毀瘠不形又曰不勝喪乃比於不慈不孝是也○注三年至限也○正義曰云三年之喪天下達禮者此依鄭注也禮記三年問云夫三年之喪天下之達喪也鄭玄云達謂自天子至於庶人注與彼同唯改喪爲禮耳云使不肖企及賢者俯從者案喪服四制曰此喪之所以三年賢者不得過不肖者不得不及檀弓曰先王制禮也過之者俯而就之不至焉者跂而及之也注引彼二文欲舉中爲節也起踵曰企俛首曰俯云夫孝子有終身之憂聖人以三年爲制者聖人雖以三年爲文其實二十五月而畢故三年問云將由夫脩飾之君子與則三年之喪二十五月而畢若駟之過隙然而遂之則是無窮也故先王焉爲之立中制節壹使足以成文理則釋之矣是也喪服四制曰始死三日不怠三月不解期悲哀三年憂恩之殺也故孔子云子生三年然後免於父母之懷夫三年之喪天下之達喪也所以喪必三年爲制也

爲之棺椁衣衾而舉之 周尸爲棺周棺爲椁衣謂斂衣衾被也舉謂舉尸內於棺也 陳其簠簋而哀感之 簠簋祭器也陳奠素器而不見親故哀感也 擗踊哭泣哀以送之 男踊女擗祖載送之 卜其宅兆而安措之 宅墓穴也兆塋域也葬事大故卜之 爲之宗廟

以鬼享之立廟祔祖之後則以鬼禮享之春秋祭祀以時思之寒暑變移益用增感以時祭祀展其孝思也

疏 爲之至思之。正義曰此言送終之禮及三年之後宗廟祭祀之事也言孝子送終須爲棺椁衣衾也大斂之時則用衾而舉尸內於棺中也陳設簠簋之奠而加哀感葬則男踊女擗哭泣哀號以送之親既長依丘壟故卜選宅兆之地而安置之既葬之後則爲宗廟以鬼神之禮享之三年之後感念於親春秋祭祀以時思之也。注周尸至棺也。正義曰云周尸爲棺周棺爲椁者此依鄭注也檀弓稱葬也者藏也藏也者欲人之弗得見也是故衣足以飾身棺周於衣椁周於棺土周於椁注約彼文故言周尸爲棺周棺爲椁也白虎通云棺之言完宜完密也椁之言廓謂開廓不使土侵棺也易繫辭曰古之葬者厚衣之以薪葬之中野不封不樹喪期無數後世聖人易之以棺椁案禮記云有虞氏瓦棺夏后氏堲周殷人棺椁周人牆置翣則虞夏之時棺椁之初也云衣謂斂衣衾被也舉謂舉屍內於棺也者此依孔傳也衣謂襲與大小斂之衣也衾謂單被覆尸薦尸所用從初死至大斂凡三度加衣也一是襲也謂沐尸竟著衣也天子十二稱公九稱諸侯七稱大夫五稱士三稱襲皆有袍袍之上又有衣通朝祭之服謂之稱一是小斂之衣也天子至士皆十九稱不復用袍衣皆有絮也三是大斂也天子百二十稱公九十稱諸侯七十稱大夫五十稱士三十稱衣皆禪袷也喪大記云布紟二衾君大夫士一也鄭玄云二衾者或覆之或薦之是舉屍所用也棺椁之數貴賤不同皇侃據檀弓以天子之棺四重謂水兕革棺杝棺梓棺二最在內者水牛皮次外兕牛皮各厚三寸爲一重合厚六寸又有杝棺厚四寸謂之椑棺言漆之椑椑然前三物爲二重合一尺外又有梓棺厚六寸謂之屬棺言連屬內外就前四物爲三重合厚一尺六寸外又有梓棺厚八寸謂之大棺言其最大在衆棺之外就前五物爲四重合厚二尺四寸也上公去水牛皮則三重合厚二尺一寸也侯伯子男又去兕牛皮則二重合厚一尺八寸上大夫又去椑棺一重合厚一尺四寸下大夫亦一重但屬四寸大棺六寸合厚一尺士不重無屬唯大棺六寸庶人即棺四寸案檀弓云栢椁以端長六尺又喪大記曰君松椁大夫栢椁士雜木椁是也。注簠簋至感也。正義曰簠簋祭器也者周禮舍人職云凡祭祀供簠簋實之陳之是簠簋爲器也故鄭玄云方曰簠圓曰簋盛黍稷稻粱器云陳奠素器而不見親故哀感也者下檀弓云奠以素器以生者有哀素之心也又案陳簠簋在衣衾之下哀以送之上舊說以爲大斂祭是不見親故哀感也。注男踊至送之。正義曰案問喪云在牀曰尸在棺曰柩動尸舉柩哭踊無數惻怛之心痛疾之意悲哀志懣氣盛故袒而踊之婦人不宜袒故發胷擊心爵踊殷殷田田如壞牆然則是女質不宜極踊故以擗言之據此女既有擗則男亦有擗是互文也云祖載送之者案既夕禮柩車遷祖質明設遷祖奠日側徹之乃載鄭注云乃舉柩卻下而載之又云商祝飾柩及陳器訖乃祖注云還柩鄉外爲行始又檀弓云曾子弔於負夏主人既祖鄭云祖謂移柩車去載處爲行始然則祖始也以生人將行而飲酒曰祖故柩車既載而設奠謂之祖奠是祖載送之之義也。注宅墓至卜之。正義曰云宅墓穴也兆塋域也者此依孔傳也案士喪禮筮宅鄭云宅葬居也詩云臨其穴惴惴其慄鄭云穴謂冢壙中也故云宅墓穴也案周禮冢人掌公墓之地辨其兆域則兆是塋域也云葬事大故卜之者此依鄭注也孔安國云恐其下有伏石漏水泉復爲市朝之地故卜之是也。注立廟至享之。正義曰立廟者即禮記祭法天子至士皆有宗廟云王立七廟曰考廟曰王考廟曰皇考廟曰顯考廟曰祖考廟皆月祭之遠廟爲祧有二祧享嘗乃止諸侯五廟曰考廟曰王考廟曰皇考廟皆月祭之顯考廟祖考廟享嘗乃止大夫立三廟曰考廟曰王考廟曰皇考廟享嘗乃止適士二廟曰考廟曰王考廟享嘗乃止官師一廟曰考廟庶人無廟死則立宗廟者爲能終於事親也舊解云宗尊也廟貌也言祭宗廟見先祖之尊貌也故祭義曰祭之日入室僾然必有見乎其位周還出戶愾然必有聞乎其歎息之聲是也祔祖謂以亡者之神祔之於祖也檀弓曰卒哭曰成事是日也以吉祭易喪祭明日祔祖父則是卒哭之明日而祔未卒哭之前皆喪祭也既祔之後則以鬼禮享之然宗廟謂士以上則春秋祭祀兼於庶人也。注寒暑至思也。正義曰案祭義云霜露既降君子履之必有悽愴之心非其寒之謂也春雨露既濡君子履之必有怵惕之心如將見之是也

生事愛敬死事哀感生民之本盡矣死生之義備矣孝子之事親終矣愛敬哀感孝行之始終也備陳死生之義以盡孝子之情

疏 生事至終矣。正義曰此合結生死之義言親生則孝子事之盡於愛敬親死則孝子事之盡於哀感生民之宗本盡矣死之義理備矣孝子之事親終矣言十八章具載有此義。注愛敬至之情。正義曰云愛敬哀感孝行之終始也者愛敬是孝行之始也哀感是孝行之終也云備陳死生之義以盡孝子之情者言孝子之情無所不盡也

孝經注疏卷九 終

大清嘉慶二十年重刊宋本用文選樓藏本校

南昌盧氏宣旬校定

孝經疏卷九 五

掌福建道監察御史武寧盧浙栞

孝經注疏卷九挍勘記　　阮元撰盧宣旬摘錄

孝經注疏卷第九

喪親章第十八

故發此事 石臺本岳本事作章案正義曰說生事之禮已畢其死事經則未見故又發此章以言也此本作事非

哭不偯 釋文云偯俗作㤅非說文作㦤云痛聲也音同案藏經音義云說文無偯字㤅從口衣聲依從人衣聲依偯聲形皆相近故誤陸氏本作依故云說文作㦤音同又云俗作偯非以偯爲依之俗寫也今依旣誤偯因改偯爲哀然必不當有作哭不哀者是可證哀爲偯之改偯爲依之譌矣

故服縗麻 釋文云縗字或作衰岳本同此正義本則作縗 按縗正字衰假借字

故蔬食水飲 石臺本岳本閩本監本蔬作疏

此哀戚之情也 石臺本宋熙寧石刻岳本鄭注本戚作慼唐石經此處剥闕證以下文而哀慼之死事哀慼皆作慼則此可知矣案說文作慽从心戚聲戚假借字慼俗字

毀不滅性 石臺本唐石經宋熙寧石刻岳本閩本監本毛本作滅此本誤減今改正注同

皆哀慼之情也 監本毛本慼改戚

示民有終畢之終也 閩本監本毛本下終作限不誤

又曰大功之哭 閩本監本毛本作又此本誤文今改正

又云不言而事行者 閩本監本毛本事行誤到

當心麁布長六寸 監本毛本必作以麁作𥼶是也正義當上補縗字是也

麻爲腰絰首絰 閩本經誤經下同正誤云爲當謂字誤是也

但位定初喪 閩本監本毛本作定位是也

傷賢乾肝焦肺 閩本監本毛本賢作腎是也
將申天脩飾之君子與 閩本監本毛本申天作由天是也
天下之達喪也 案今本論語作通
爲之棺椁衣衾而舉之 鄭注本作槨此正義本則作椁按椁正字槨俗字
舉謂舉屍內於棺也 岳本屍作尸按屍正字經傳多作尸同音假借也
而哀慼之 岳本慼作戚注同
擗踊哭泣 石臺本踊作踴注同李善注文選宋孝武宣貴妃誄引孝經曰擗踴哭泣
卜其宅兆而安措之 鄭注本作厝按儀禮士喪禮注孝經曰卜其宅兆而安厝之此正義本則作措字厝措義別而古多通用
爲之宗廟以鬼享之 釋文云享又作饗之石臺本作亨注同

布給二衾 監本毛本給作紟是也
謂水兕革棺 閩本監本毛本作革此本誤貫今改正
杝棺一 閩本監本毛本作杝此本誤地今改正下同
次外兕生皮 正誤生作牛是也
言漆之稗椑然 監本毛本作鞞鞞
栢槨以端長六尺 毛本作柏椁與檀弓合下同
是簠簋爲器也 正誤爲下補祭字
盛黍稷稻梁 監本毛本梁作粱是也
惻怛之心 閩本監本毛本作怛此本誤但今改正
故祖而誦之 閩本監本毛本祖作徂誦作踊是也

周禮家人 閩本監本毛本家作冢是也
諸侯五廟 正誤五上補立字是也
周還出戶 正誤云下脫肅然必有聞乎其容聲出戶而聽十三字
明日祔祖父 正誤祔下補於字
如將見之是之 閩本監本毛本下之作也
死事哀慼 岳毛慼作戚注同
死之義理備矣 正誤之上補生字是也
孝行之終始也者 案當作始終

孝經注疏卷九挍勘記終

新建生員杜鰲校

임동석중국사상100

효 경

孝經

부 록

曾子 撰/林東錫 譯註